フェミニズム正義論

ケアの絆をつむぐために

有賀美和子

勁草書房

はしがき

現代フェミニズムが発する「正義論」とは、どのような成り立ちをもつものだろうか。本書の主眼は、リベラリズムに先導されてきた従来の主流的正義論の諸原則を、フェミニズム／ジェンダーの視点からあらためて問い直し、「フェミニズム正義論」として再構成することにある。

折しも、マイケル・J・サンデルの講義録をもとにした近著『これからの「正義」の話をしよう』（Sandel 2009=2010）のベストセラー化により、政治哲学における「正義論」という領野が脚光をあびている。今日の「正義論」は、おもにロールズ以降の現代リベラリズムを中軸として、それとは思想的立場を異にするリバタリアニズム（ノージックら）やコミュニタリアニズム（サンデルを含む）、またその他複数の思潮に基づく「正義」――人間の共同生活において社会が従うべき規範的原理――をめぐる言説によって織りなされてきた。

現代のフェミニズムは、主としてリベラリズムを批判するという形で「正義」をめぐる論議の場に加わってきたといえる。しかし、その批判の仕方は決して一枚岩ではなく、リベラリズムに対抗するフェミニズムによる正義論は、ひとつの体系的な理論というよりも、リベラリズムの普遍主義的ないし個人主義的傾向に対するさまざまな批判的論点の集まりから成っているといえよう。けれども、フェミニズムの側に共通しているのは、リベラリズムのとってきた近代的公私二元論に対する批判である。そして、リベラリズムの近代的公私二元論に対するフェミニズムの批判は、「非家庭（公的領域）／家庭（私的領域）」の峻別、および前者「非家庭」への正義の局限――言い換えれば、家庭内に正義が適用されないこと――に向けられている。

この公私区分の下で近代の社会秩序は、生命／身体の必要（基本的な生物学上のニーズ）の充足がそこで自己完結すべきユニットないし境界として〈家族〉を位置づけることによって、家事や育児・介護・看護などのケアを〝私事化〟（＝つまり女性化）してきたということが、フェミニズムによって鋭く指摘されてきた。そして、現代フェミニズムによるもっとも重要な洞見のひとつ――またその緩やかな共通テーゼ――は、近代の社会秩序が「ケア」を家族の内部に囲い込んで〝私事化〟し、具体的な他者の必要に応じる責任をできるだけ公共化＝社会化しない仕方で編成されてきたことへの異議であったといえるのではなかろうか。またそのことは、従来の主流的正義論が、（暗黙のうちに）壮健な男性稼ぎ手モデルを対象とするものであったことを示唆している。

本書では、そうした視点をふまえながら、たとえば具体的な他者へのケアの引き受けをめぐって、リベラリズムに基づく主流的正義論のどのような点が問題なのかを考察する。従来の主流的正義論は、公的領域における自立した／自律的な人格同士の関係を前提にしているが、これによってケアの関係を論じるのは適切でない。なぜなら、老いやサファリング（suffering：病をめぐる苦難の経験）は人間の必然であり、人は皆いずれ他者に「依存」し、そのケアを求めることなしには生を保ちがたい存在者であるからだ。その意味で、人は皆「一時的健常者」であると言い換えることもできよう。

ケアを私事化する社会秩序のあり方を問い返し、それを公共的なものに開いていくためには、〈家族〉を生命／身体がそのなかに封じ込められるべき「境界」として位置づけてきた旧来の見方を問題化し、相対化していく必要がある。つまり、他者の生に困難を見出し、それを緩和する責任は、私的な圏域の内部倫理に限定されるべきものではなく、ひろく公共圏に開かれていくべきものと捉えられる。

これまでの「ケアの私事化＝ケアの女性化」を超克するためには、男性の〝社会権〟（人間らしく生きる権利）としての「ケアする権利」も確保しつつ、性別にかかわらず全ての人びとが「依存する具体的な他者」の必要に対してさまざまなかたちで柔軟に応じうる社会の構築が望まれる。そのためには、多様なケアラーのネットワークによる協働空間の創出とともに、「ケアする／ケアされる」という、全ての人びとが共有するケアの実践に関わる権利—すなわち「ケア権」—が、あたりまえの保障として市民社会のなかに位置づけられることが肝要であろう。

むろん、正義論にひとつの正解はないと云えるかもしれない。けれども、正義について議論することは、私たち自身の生き方を考えることであり、それは人間にとって不可避な営為である。また前述のように、今日「フェミニズム正義論」という固有の領野が存在しているわけではない。しかし、これから本書をつうじて、フェミニズムが発した「正義」をめぐる幾つかの重要な議論を跡づけ考察を加えていくなかで、リベラリズムの普遍主義的・個人主義的傾向に対するさまざまな批判的論点が、いわばフェミニスト・パースペクティヴという旋律に共鳴しあい、ひとつの「フェミニズム正義論」像が立ち現れてくるのではないだろうか。その基本的視座や全体像を明らかにすることを目的として、本書は以下のように構成されている。

序章「フェミニズム正義論の意味するもの――ケアワークの再分配を軸として」では、具体的な他者へのケアを引き受けるということが、リベラリズムに基づく主流的正義論をめぐってどのような問題を提起しているのかを探っていく。またその考察をとおして、現代フェミニズムによるリベラリズム批判の主要な論点について明らかにする。

たとえばキャロル・ギリガンによる〈ケアの倫理〉の系譜に連なるロビン・ウエストやマーサ・A・ファインマンら、具体的な他者への「責任」を重視する論者は、主流的正義論における「権利」内のあらゆる行為や選択が〝私的な善〟の問題とされることで、人間の〝道徳的な価値〟ないしはケアの〝道徳的な意味〟が脅かされることに対する懸念を表明している。すなわち、リベラリズムが尊重するいわゆるプライバシー権の枠組みに「ケア」を置くと、ケア（の引き受け）は何を入手するか、何を職業とするかといった個人の生き方の〝選択〟と同列に論じられることになる。しかし、ケアの必要性は、そうした意味での自律的個人による「選択（choice）」と同じ次元で語ることはできない。前述のように、たとえば老いやサファリングに伴う「依存」は、人間の必然的条件だからである。にもかかわらず、長いあいだ政治思想は伝統的に、他者の依存とそれを引き受ける責任―ひいては依存に対する社会の応答責任―の問題を自らの問題として受けとめることを回避しつづけてきた。

これまでの「ケアの私事化」を超えて、性別を問わず全ての人びとが「依存する具体的な他者」の必要に対してさまざまなかたちで柔軟に応じうる社会。その構築のためには、ケアを負担としてネガティヴに捉えて、そのコストを平等に分配するという問題の立て方をも相対化する必要があろう。本章においては、多様な人びとのウェルビーイング（心地よい生／良好な状態）に資する「ケア権」―ケアする／ケアされる権利―が、あたりまえの保障として組み込まれた社会の仕組みを指向する、「フェミニズム正義論」の基本的な視座を提示する。

第一章「フェミニズムによる正義論の射程―家族内の正義をめぐって」では、さらにリベラリズムの近代的公私二元論がはらむ諸問題に焦点をあてながら、フェミニズムによる新たな正義論の射程はいかに設定されるべきかについて考察する。

現代のフェミニズムは、まさに〈家族〉という制度のなかに女性抑圧という不正義の根源があるとした。つまり、近代における産業化の進展に伴う「公的領域／私的領域」の分離は、男性が市場での有償労働《ペイド・ワーク》に従事し、女性は家庭内での無償労働《アンペイド・ワーク》に従事して稼ぎ手の夫を支えるという、近代的な性別役割分業の発生とともに固定化されたものと捉えられる。そうした性分業の場としての「近代家族」とは、子どもが家族の中心となり、子どもの世話をする母親役割が神聖化された閉鎖的集団である。フェミニズムの「個人的なことは政治的である」という基本テーゼは、まさに近代家族という私的領域の成立自体が、実は〝公的に〟設定されたひとつの権力作用であることの訴えであった。

そしてこの「近代家族」システムから帰結するのは、女性の〝経済的依存性〟であることがフェミニズムによって指摘されてきた。ベッティナ・キャスによれば、結婚という母性偏重の制度によって、女性は無償の家事労働者として経済的独立性を奪われ、家庭責任の担い手として競争的労働市場において不利な立場に留めおかれる。フェミニズムが提起する正義とは、まさにそうした権力作用の解体を指向するものといってよい。

つまりフェミニズムとは、女性抑圧の廃止を、「家族内の正義」という基点に立脚して近代社会の構造や資本制生産様式のあり方を問い直すことによって実現しようとするものと言い換えられよう。したがって、公的領域に適用される正義の原理は、家族の領域にも適用されるべきであり、フェミニズム正義論の射程は、家族内における性別役割分業のあり方にまで及ぶべきものと考えられる。

スーザン・M・オーキンによれば、家族内における賃労働と家庭責任の分配の仕方は、個々人の善の特殊構想（幸福観や人生設計）にしたがって決められるべきものであるにせよ、その影響の広汎さゆえに、まさに正義の諸原理が適用されるべき事柄の範疇に含まれる。つまりそれは、〈善〉と〈正〉の両領域に属するものであり、ゆえにここでは、いかに〝個人の自律〟と〝性別役割分業解消〟という二つの要請間のバランスをとるかが重要な問題となる。本章では、ナンシー・フレイザーのいう「普遍的ケア提供者モデル」にしたがって、有償／無償労働の男女均等な分担に〝誘導〟するような間接的な諸政策を、正義に適う方策として提示する。

第二章「家族内の正義を考える―契約に基づくアプローチを軸として」では、家族成員間の「契約」による無償労働の分配や、そうした家族関係の法的把握に関する「契約を基礎とするアプローチ」が、家族成員の負う権利・義務を明確化し、女性の不利益を減ずるポジティヴな機能を果たす可能性について考える。

マーサ・ミノウとメアリー・L・シャンリーによれば、あるべき家族法において、個人は「依存・ケア・責任の関係」に基本的に巻き込まれた人格（person）として、また家族は、私的な結合（association）でありつつも政治的秩序を成す独立体（entity）として考慮されなければならない。こうして、彼女らは先の〈ケアの倫理〉を基底として、「権利」を個人に属するものと見なすのではなく、むしろさまざまな程度の人的親密性の関係から生起し、基礎づけられるものと捉える権利観を呈示する。

ここでミノウらが提唱するのは、家族内の「相互依存」的関係に着目する「関係的権利・責任の理論」であり、それは、人的諸関係の領域を切り拓く権利を人びとに与え、そのことによって上部コミュニティからの扶養を引きだそうとするものである。ミノウらによるこの「関係的権利・責任」論では、ケア活動が人間の道徳的義務として捉えられ、「依存・ケア・責任の関係」に基本的に巻き込まれた主体としての人間像が重要視されている。

しかし、このように「自律性」よりも「関係性」や「相互依存性」を重視する捉え方は、「家族としての愛情」を強調し、おもに家族内の女性成員（妻・娘・嫁など）に対する抑圧を招くことがフェミニズムによって指摘されてもきた。ここでは、おもに女性が、脆弱な他者へのケア責任を引き受けるべきとの規範を強化しがちであった〈ケアの倫理〉を正しく捉え直すことが重要となる。専ら家族関係における「相互依存性」を強調し、「自律」に十分な価値を認めないことは、女性に抑圧的に働く愛情のパラドックスを強化させる危険性をはらんでいる。とりわけケアワークは、専門性を要する社会的有用労働――すなわちディーセント・ワーク（働きがいのある人間らしい仕事）――として正当に位置づけて、社会福祉サーヴィスが直接担うような制度的整備が不可欠であろう。

ジェンダーの不平等を解消するためには、「家族愛」の規範性のなかに女性を閉じ込めないことが肝要であり、〈ケアの倫理〉を女性のみに結びつけることなく、全ての人びとに共通の倫理として一般化／公共化していくことが望まれる。そしてここにおいて、家族内における契約による諸個人の権利義務の明確化は、ジェンダーの不平等の改善に資するものと思われる。というのも、家族内の「相互依存関係」を実際に維持してきたのは、おもに女性による一方向的なケアの供給だったからである。近代家族とは、まさに女性の自律性の縮小と、母役割への特化によって支えられてきたのであった。家族における女性の自律を尊重し、契約によって家族成員の権利義務を明確化することは、女性を際限のないケアの供給から解放することにつながるものと考える。

第三章「家族の多元化と親子関係―契約概念導入の可能性」では、第二章で見る「個人の自律」を基盤とする契約アプローチが、従来の性別役割分業やジェンダー規範に縛られない自由で平等な家族の形成につながる理論的可能性を探りつつ、子どもを含む家族関係に契約原理を適用することの法哲学的な基礎づけを試みる。

契約アプローチのおもな意義のひとつは、家族の多元化を擁護し、かつ個人の意思に基づく明確な権利・義務のシステムとしての「自律的共同体」の成立を可能ならしめることにある。但しそれは、法律婚否定の立場を意味するものではなく、法律上の家族を多元的に構成することを要請するものである。この契約アプローチの観点からは、たとえば「結縁家族」とよびうるような、血縁や性愛を基盤としない家族関係も成立する。

ところで、「契約」を基礎として家族関係を法的に捉える場合、しばしば「子どもの福利を損なう」との批判が向けられがちである。しかしウィル・キムリッカによれば、子どもを産み育てる自由は、権利というよりむしろ責任であり、子どもの利益を増進するような仕方でのみ行使しうる「信託（trust）」である。キムリッカは、家族の多元化擁護の観点から、たとえば「親業のライセンス」を伴う契約家族をも含めて、家族形成の契約化を肯定的に捉えている。彼は、〝契約の自由〟

の尊重によって家族の多元化を擁護しつつ、子どもの福利については〝信託原理〟によって個別・具体的に対処し、「家族の多元化」と「子どもの福利」という二つの要請のバランスを図っていくという方向性を示している。

では、子どもの福利に適った、子育てに関する「信託原理」を支える基盤は、何に求められるべきなのだろうか。子どもに関する法制度は、成長途上にある子どもを保護・育成するためのものと位置づけられ、「子どもの最善の利益」（子どもの権利条約三条一項）を護ることが基本理念とされている。この理念を明記した「子どもの権利条約」（一九八九年国連総会採択）の柱は、①子どもには発達する権利があるということ（子どもの発達権）、②子どもには自らの判断が尊重され、その意見を表明する権利があるということ（意見表明権）である。

ここで親を中心とする社会全体に求められるのは、子どもの発達の各段階にふさわしい人間的発達を保障する教育や環境の提供と、それによって子ども自身が自ら判断し、自らの考えを表明できる自立した個人になるよう支援する役割であるといえよう。つまり「発達の可能態」としての子どもが、将来においてその人間性を十分に開花させうるよう自ら学習し、真理・真実を知り、自らの判断力を育むことは、子どもの生来的な権利であり、その生来的権利としての〝学習権〟を保障するための教育や環境を用意することが、親を中心とする社会全体の課題といえる。

また「発達の可能態」としての子どもの人権とは、その将来に亘っての人間的成長・発達の権利を中軸とするものであり、この捉え方は、「子どものケアされる権利」（well-being の維持）と、それと表裏一体の――父親を含む――「親のケアする権利」とも重なりあうものである。そして、〝子どもの発達権〟を社会全体として保障することが、子どもを養育する権利と責任を考える上での原点とされるべきであろう。

第四章「普遍主義的シティズンシップ論批判の展開――ジェンダー論の視点から」では、フェミニズムによるリベラル・シティズンシップ論批判の主要な論点を明らかにする。

一九九〇年代を境として、フェミニズムやジェンダーの視点によるシティズンシップ研究が盛んとなった。その潮流の中心をなすのは、従来の主流的なシティズンシップ論を批判的に検討する試みである。それらは、共和主義、ポストモダニズム、ラディカル・デモクラシー等によるリベラリズム批判、ないしリベラリズムを基底とする従来のシティズンシップ論（ここでは「リベラル・シティズンシップ（論）」という）に対する批判の潮流とも重なりあっている。

フェミニズムによるリベラル・シティズンシップ論批判の核心は、その普遍主義によって政治が人間の生の〝多様性〟から切り離されてしまうことで、マジョリティとは異なるゆえに不利益を被りやすい立場にある人びとの声が汲み取られえなくなるという点にある。つまり「差異に目をつぶる」ことによって、差異やアイデンティティの問題に対処しようとしたリベラル・シティズンシップ論に対して、フェミニストによるシティズンシップ論（以下「フェミニスト・シティズンシップ（論）」という）は総じて、差異を生む状況に敏感であることによって、差異やアイデンティティに関わる問題を掬いあげようとする。

たとえばナンシー・フレイザーにしたがえば、これまでニーズ充足の再配分という主題―国家は成員たちのニーズをどの程度充たす必要があるのか―は政治的言説の重要部分と見なされてきたのに対し、ニーズそれ自体に関する議論や解釈―誰が、いかなるニーズを欲しているのか―は、前政治的な言説として脱政治化され、「家族」という私的領域へと周縁化されてきた。だがフレイザーによれば、主流の政治理論によって私的なるものとされてきた具体的な「ニーズ解釈」が政治的であるのは、人びとが自らのニーズ解釈を他者との対話をとおして深めることによって、人びとの多様な生のネットワークに関わり、それまで公的な議題にはのぼらなかった生の側面をも政治的な付議事項《アジェンダ》として見出していく可能性を秘めているからである。

そして、終章「フェミニスト・シティズンシップ論の新展開―市民社会における『ケア権』の構築に向けて」では、前章までの議論をうけて、今日の福祉国家における市民権のなかに「ケア権」―ケアする/ケアされる権利―を位置づけ、家族成員同士に限定されない「心地よいケア」の絆をつむぎ出すための方途を探っている。

これまで、人間にとって不可避の「依存」はごくノーマルな（通常の）状態であるにもかかわらず、従来的なリベラル・シティズンシップ論の人間像においては、「自立」が通常の状態と捉えられてきた。そして〈家族〉という私的領域は、まさにこの矛盾を解決するために必要とされる。「自立した個人」というフィクションを維持するためには、「依存」は見えない場所、つまり「公的領域の外」で引き受けられなければならない。言い換えれば、公的領域における「自立した個人」

という大原則は、まさに「依存の私事化」を請け負う家族という私的領域の存在によってはじめて可能となっている。

「自立した個人」というフィクションは、「依存」が人間にとってノーマルな状態であることや、また男性がケアの面では家族領域で女性に「依存」していることなどをも見えなくさせてきた。しかしここで、シティズンたちの活動する場ではない、と政治的に規定されてきた〈家族〉が、いかにシティズンたちの活動の場である公的領域における自立的個人というフィクションを支えてきたかを考察することは、従来のシティズンシップ論を脱構築することに繋がっている。

すなわち、「自立」はノーマルで望ましいこと、「依存」は逸脱で望ましくないこと、という従来の思考を超えて、「依存」も「自立」も人間にとってノーマルな状態であることを再認識し、人びとが他者に「依存」することを市民的権利として保障する仕組みを広げていく方途を探ることが、今日求められているといえよう。「ケア権」の下では、ケア提供者とその依存者は、婚姻の内外を問わず、正当な請求権をもって自活に充分な公的援助を享受すべきものと捉えられる。

そして、ケアする／ケアされる者のニーズに応えうる「ケア権」の構築にあたっては、全ての人間の条件である「依存」に、スティグマが付されないことが肝要と考える。つまり、普遍的な関係にある他者は「誰であってもよい」関係にあるのに対して、ケア関係に代表されるような個別具体的なニーズをめぐる呼応関係は、その関係性を維持するなかで、そうした諸個人の人格や尊厳にも関わる〝承認〟がなされる関係性にあるといえよう。ギリガンが、ケアの倫理を「公的な倫理」として提唱しようとするのは、ケア関係において人間は、人としての生存に関わる能力を養われているからである。ケアの実践において育まれる倫理を、公的な徳性を涵養するものとして評価し、そうした養育に「全ての人」が与れることを、重要な社会的責任のひとつとして配慮していく必要があるのではないだろうか。

「フェミニズム正義論」がめざす究極の目的は、従来の性別役割分業に縛られない自律的な男女の個々人を、それぞれの〝多様な善の特殊構想〟――ひいては自己実現――を追求する存在として、ひとしく尊重することにある。しかし、そうした前提に立ってさらに求められるのは、日常的な不公正感覚ないし正義感覚を基点とする、正なる人間生活のあり方とは何かを問いかける、フェミニズムの規範理論であろうと考える。

フェミニズムが指摘したように、リベラリズムはこれまで、世界を公的領域と私的領域とに二分し、私的領域を政治から分断してきた。このことは、単に出産・育児・介護といった女性にまつわる問題を脱政治化しただけではない。いわゆる男性原理が支配する経済領域における既存の論理――利益至上主義、効率性の重視、生産性の向上など――の帰結としての環境破壊、またその陰の部分である障碍者や高齢者、あるいはさまざまなマイノリティの人びとの福祉や人権の問題といった重要な政治課題を看過し、長いあいだ置き去りにするという結果をもたらした。公的領域と私的領域とを連続的に捉え、私的領域に差し置かれた問題のなかに政治社会のあらゆる市民に共通の政治課題がある点に気づくことは、フェミニズムを超えてきわめて重要な見地であるだろう。

フェミニズム正義論

——ケアの絆をつむぐために

／目次

はしがき

序章　フェミニズム正義論の意味するもの

――ケアワークの再分配を軸として

1　現代フェミニズムによるリベラリズム批判の意義

本書を通じて明らかにしようとする「フェミニズム正義論」とは、現代の第二波フェミニズムが発した、リベラリズムへの批判を中軸とするものといってよい。[1] その批判の核心にあるのは、「正義」の原理が適用されるべき公的領域（政治・経済＝非家庭）と、いわば〝不可侵の聖域《サンクチュアリ》〟たる私的領域（＝家庭）とを区分する、リベラリズムのとってきた近代的公私二元論である。言い換えれば、フェミニズムが問題視するリベラリズムの公私区分とは、「非家庭／家庭」の峻別、および「非家庭」への正義の局限―つまり、家庭に正義が適用されないこと―をさすものであった。すなわち、政治哲学としてのリベラリズムは、〈家族〉を〝自然〟によってつくられる「前政治的

(prepolitical)」な領域とみなし、社会契約（social contract）によって構成された社会という「公的領域」と対置・峻別する公私二元論をとってきた(2)。その領域区分こそが、家族の「政治性(3)」や、家族ないし個人の生活における正義の適用妥当性《レレヴァンス》（relevance）を不可視なものとし、公私の領域にわたるジェンダーの不平等と深く関わりをもってきたとフェミニズムは批判する。こうして現代のフェミニズムは、まさにリベラリズムが〝聖域化〟して踏み込まなかった〈家族〉という私的領域内の「正義」を問い返す必要性を説いたのであった。

次節に詳しく述べるが、「正義」とは一般に、「人間の共同生活における行為や実践のために参照すべき、規範的原理や基準」として理解しうる（樺島 2004: 134）。あるいは、「自由・平等な諸個人の公正な社会的協力枠組み」（井上 2003: 69）、より平たくは「自由で平等な人間同士が、まっとうにつきあえる居場所のルール」と言い換えられよう（川本 1997: 3）。こうした「社会の規範的原理」をめぐる現代の追求は、よく知られているように、ジョン・ロールズの『正義論』（Rawls 1971）の刊行とともに始まる現代リベラリズム思想が中心的担い手である(4)。そして、たとえば主流的な配分的正義論では、物質的な財（モノ、所得、富など）、および非物質的な財（自由、生きがいある人生の基盤となる社会的地位、機会、自尊心など）の公正な分配に関する合理的基準が問われてきた。

ではなぜ、家族内の正義はこれまで不問に付されてきたのだろうか。マーサ・C・ヌスバウムによれば、従来の正義論が〈家族〉をその適用領域としてこなかった主な理由（言い訳）は二つある（Nussbaum 1992=1993: 80-81）。まず第一に、家族はある意味で正義を「超えて」（beyond）おり、

「正義（justice）」よりも〝高貴な〟――愛や寛大さといった――「徳性（virtue）」を体現する生活領域であるとされてきたこと。そして第二には、国家と異なり、家族は「本来的に」（by nature）あるいは「本性＝自然にしたがって」（according to nature）実在するものとみなされてきたことであった。つまり、そうした自然的な領域における「正義を超えた愛」という理念により、こと家族に関しては、たとえば一般に深い情動の絆で結ばれたパートナー間の「機会の平等」などを云々することの狭量さが暗黙に説かれてきたというのである。

しかしフェミニズムは、かの「正義を超えた愛」という理念をベースとして家族や結婚そのものに吹き込まれた〝利他主義〟による、女性の抑圧を問題化するに至ったのであった。愛や寛大さといえども、最低限、正義に適っていなければならず、家族がいかなる高次の目的を追求していようとも、それが公正さ（fairness）の基本要件を満たすべきことを正当に要求しうると、フェミニズムは強く主張する。また、実のところ家族ないし結婚とは、種々の特権や特典（所有・相続上の権利、税制上の控除、社会保険上の優遇措置など）をインセンティヴとして成り立っている制度なのである。つまり家族という「私的領域」は、たとえば離婚を規制する法・税制や種々の家族関連法が、家族成員の機会や生活水準に大きな影響を及ぼすというように、まさに法や制度によって形づくられてきたといえる（ibid.: 82）。したがって、フェミニズムの提起する（べき）正義論――フェミニズム正義論――の射程は、いうまでもなく〈家族〉を含む社会の秩序全体に及ぶことになる（第一章で後述）。

現状を見渡せば、女性の労働市場への参加は進みつつあるものの、その雇用は以前にもまして短時間雇用・短期雇用・間接雇用など不安定なものに傾いており、賃金・昇進格差もほとんど解消されていない。また働く女性の「二重負担」の問題が指摘されて久しいが、家庭内における性別役割分業は解除されていない。つまり「有償労働」と「無償労働(=家事・ケアワーク)」の負担割合や、職場の雇用・待遇・昇進などにおいて、階層化されたジェンダー構造に基づく男女間の不均衡が依然として維持されている。そうした状況に対して、主流的な正義論は不均衡是正のための効果的な機能を果たしえていないのではないか。それは、一見ジェンダーに中立の外観を呈しながら、実は個別的正義の実現に無関心であった伝統的政治哲学ないしリベラリズムの限界のゆえではなかったのか。

本章では、そのようなフェミニズムの問題意識から、主流的正義論の諸原則や基本構造を再検討する試みをおこなってみたい。たとえば正義や権利といった概念の厳密な理解により、フェミニズムからの批判を汲み入れるかたちで主流的正義論(ないしリベラリズム)を再構成することも可能であるかもしれない。

また、後に見るように近代の社会秩序は、生命/身体の必要の充足がそこで自己完結すべきユニットとして〈家族〉を位置づけることによって、育児・介護・看護などのケアを〝私事化〟してきた。[6] そうした現状をふまえながら、具体的な他者へのケアを引き受けるということが、主流的正義論やリベラリズムをめぐってどのような問題を提起しているのかをあらためて考察してみたい。それは、セクシュアリティを家族の中心に位置づけ、必然的に生命/身体の必要とそれへの応答を

〈家族〉という境界のなかに封じ込めつつ近代の社会秩序を成り立たせてきたジェンダー構造の、基本的な枠組みの再考を迫っているように思われる。

2　現代「正義論」の意味するもの
――「権利」をめぐる非介入の原則

では、「正義」とはなにか。教科書的にいえば「正義」の概念には、適法的正義、配分的正義、矯(匡)正的正義、そして交換的正義などアリストテレスによるもののほかに、権利・義務としての正義、調和としての正義、共通(善)の正義、形式的正義、手続き的正義、社会的正義といったさまざまな区分がある。ただし今日の「正義論」のテーマがこれらすべてに関わっているわけではない。盛山和夫によれば、現代正義論の端緒といえるロールズの『正義論』(Rawls 1971) が「最も恵まれない者に最大の利益を」という平等主義的な「格差原理」に重きをおいて議論を展開したため、配分的正義こそが今日の正義論の主テーマと考えられがちだが、ロールズをはじめとする主要な論者によって「正義」という言葉で意味されているのは、もっと大きなことである (盛山 2006b : 2)。

たとえばロールズは、「正 (right) の善 (good) に対する優位」を強調している (Rawls 1971)。「善」とは個々人にとっての幸福や生きがいある生をさすが、このテーゼは、個々人にとっての善という価値を超えてより優先されるべき価値として正があり、その正が君臨している状態として

「正義」を概念化しなければならない、ということを意味している（盛山 2006b：2-3）。つまり、「正義」という言葉によって探求されているのは、人間の共同生活において「社会が従うべき基底的な規範的原理」にほかならない。社会はさまざまな制度や法や規範、あるいは道徳や倫理によって秩序づけられているが、そうした種々の規範的なものを全体として統括するような基底的な規範、それが「正義」という言葉において探求されているといえる。この意味での「正義」とは、それによって個別的諸規範が正当化されたり導出されたりするような「究極的規範」であり、正義論が問うているのは、多様な善の構想（ないし特殊構想）を超えて社会はいかなる規範に従わなければならないか、という問題であるといってよい。したがって、ここで「フェミニズム正義論」のテーマは、ジェンダー間の平等を図るために、社会はいかなる基底的な規範的原理に従わなければならないかを再検討することといえる。またここで、〝ジェンダーの不平等〟は典型的に、先の物質的な財（モノ、所得、富など）や非物質的な財（自由、生きがいある人生の基盤となる社会的地位、機会、自尊心など）の不平等な分配を含んでいるといえよう。

だが、それにはとどまらない。近年ではフェミニズムの側から、従来の主流的な正義論や権利論といった規範理論それ自体に対する鋭い批判が展開されている。つまり、後に見るように、従来の正義論は上述の物質的・非物質的な財を分配の対象にしてきたが、そもそも、それらの財の分配パターンを規定する論理構造自体にジェンダー・バイアスが潜んでいるのではないか、という指摘である。また伝統的な「権利」の概念は、自己が管轄しうる領域を指定し、他者からの介入を排除するという意味を帯びており、結局のところ、そうした領域を難なく統括できる者のみを自立した自律的存在として尊重することになる。ゆえにそれは、壮健で経済的自立性のある「家長としての男性」向けの概念にすぎないのではないか、という疑問が投じられている。

すなわち、後述するように、現代リベラリズムを中軸とする主流的な正義論は「個人の自律」を重視するとともに、善に先立つ「正義」を、平等や自由を基底的に統合しうる上位の価値として設定する。ここにおける、善に優位するものとしての「正義」はしばしば、人びと間の「普遍的な権利の尊重」によってもたらされると考えられ、それは「権利基底主義」とよばれる（盛山 2006b: 9）。このとき、並み居る論者による諸々の正義論を分かつ主軸をなすのは、「普遍的な権利」に何が盛り込まれるか、またそのために社会は成員からどの程度の財や負担を調達しうると考えるかという点である。ここで「権利」の内容が何であるにせよ、各人の「権利」の尊重という理念は、主観的な「善」よりも、他者と共存していくためのルール、すなわち「正義（権利）」に優先的な独立した地位を与えるという先の「正の善に対する優位」テーゼによって支えられている。

つまり各人は「権利」の枠内で、それぞれ〝善《よ》き生〟を設計し追求する主権者であり、自己決定に対する干渉はパターナリズムとして厳に排される。このような考え方の基礎を提供したのは、ジョン・S・ミルが『自由論』（Mill 1859）のなかで定式化している「危害原理（the harm principle）」である。ミルは、自分だけに関わる行動領域と、他者に影響を与える（加害性を持ちうる）行動領域とを区別し、前者を個人の主権的自由の領域、後者を公的規制・干渉の可能な領域とする。この

「危害原理」はリベラリズムよりも、後述のロバート・ノージックらに代表されるリバタリアニズム[7]に適合的だが、「自己」の領域と「他者」の領域の区分という考え方は、リベラリズムにおいても引き継がれている（山根 2006: 176）。ロールズによれば、権利の枠内では「他者と関係しない限り、私の善を最大化するのは私の自由」であり、「自由に自らの生活計画を立てる」ことができる（Rawls 1971: 348–349）。

そして、ここにおいて政府（ないし公権力）や第三者は、諸個人の自己決定領域における選好の〝道徳的意味〟を問うことはできない。なぜなら、まず公的な政策として諸個人の「選択（choice）」を保障する——つまり公的に「権利」を保障する——ということは、〝私的〟とされたすべての選択に同じ道徳的な重要性を与えることであり、どのような（選択）決定も道徳的観点から非難されえないということを意味するからである。ここで権利の承認とは、権利によって保護される個人の行為の中身が道徳的に正しいと認めることではない。また一方、リベラリズムの権利論において個人に要求されるのは、「他者に干渉してはならない」という意味で形式的な道徳規範である（山根 2006: 177）。

フェミニズムは、こうしたリベラリズムの権利論ないし公私の分離原則の問題点を指摘してきた。たとえばよく知られているように、キャロル・ギリガンはその著『もうひとつの声』（Gilligan 1982）で、他者に固有の生の圏域を尊重しようとする〈正義の倫理〉と、他者の生に苦難や困難を見出し、それに応じようとする〈ケアの倫理〉を対照的な倫理として描いている。同書は、普遍的権利や正義という、いわば「男性の論理」に媒介された〝自律的個人〟の集合として世界を捉えようとする主流的な正義論に対して、世界を「コミュニケーション」と「関係性」とで形づくられた親密圏と捉えたうえで、女性の〝異なる声〟としての〈ケアの倫理〉によるその再構成を展望する議論を提起し、波紋を広げてきた。

同書が導火線となった「正義対ケア」論争において描かれる二通りの他者像とは、公共圏における「一般化された他者」（法的権利の主体）と、親密圏における「具体的な他者」（ニーズを訴える主体）である（川本 2004：22）。その際ギリガンは、「他者のニーズを敏感に受けとめ、ケアをするという責任を引き受ける」こと、つまり他者の観点を自らの判断に組み入れるという傾向を「劣った」ものとしてではなく、「異なった」ものとして描き直した(8)。具体的な他者を、応答されうる状態におくという意味での責任を「他者(性)への責任」とよぶなら（White 1991＝1995：113）、それが、他者との距離をとりつつ、他者の生の「自律」を尊重するのとは異なった倫理を伴っていることを逸早く説いたのがギリガンであり、そして彼女の〈ケアの倫理〉は、個人の道徳的能力への信頼を前提にしている(9)。

また、たとえばロビン・ウエストによれば、伝統的な「権利」概念は、権利に保護された行為をコミュニティの関心や判断から隔離してしまい、道徳上の質を問えなくしてしまう点で問題がある（West 1990：81-85）。ウエストは、権利よりも責任を根拠とする議論のほうが女性たちの経験により即したものとして、ロナルド・ドゥオーキンのような「権利を重要視する（taking rights seriously)」政治に対して、「責任を重要視する（taking responsibility seriously)」必要性を説く。というのも、たとえばケアを引き受けるという決定は、私的（private）な関心によってではなく、しばしば道徳的な責任や任務の絡み合いのなかでなされてきたからである。このように説くウエストや、後述するマーサ・A・ファインマンら、具体的な他者への「責任」を重視するアプローチをとる論者は、権利内の行為が〝私的〟な「善」の問題とされることで、人間の〝道徳的な価値〟が脅かされることに対する懸念を表明しているといえよう。

こうして、フェミニストの立場から伝統的な「権利」概念への批判が展開されてきたが、権利によって（他者の介入から）保護された行為の〝道徳的な意味〟への関心こそが、従来の「権利」論への異議の拠り所であった。つまり従来の「権利」論に対する批判は、ケアの道徳的な意味が〝個人の私的問題〟に還元されてしまうことに向けられているといえる。すなわち、リベラリズムが尊重する、個人の主権的自由の領域におけるいわゆるプライバシー権の枠組みに「ケア」を置くと、ケア（の引き受け）は何を入手するか、何を職業とするかといった個人の生き方の選択と同列に論じられることになる。しかしケアの必要性は、そうした意味での「選択（choice)」と同じ次元で捉えることはできない。言い換えれば、リベラリズムが考察の対象としているのは、公的領域における自律した人格同士の関係であるが、これによってケアの関係を論じるのは適切でない。

具体的な他者のケアの求めに応じるということは、その他者を応答されうる状態におくという意味で、具体的な「他者の依存への責任」を引き受けることである。この場合の責任は、自らが〝選択〟した事柄に対する責任（いわゆる「自己責任」）とはその質を異にするのはいうまでもない。政治思想の伝統はこれまで、自立した主体の行動とその行動の結果に対する責任については膨大な言説を蓄積してきたが、具体的な他者の依存を引き受けるという責任についてはほとんど語ってこなかった（齋藤 2003: 192-193）。また裏を返せば、そこに「自立／自律」が「依存」を回避しうる者によって語られてきたことの証左を見ることもできよう。アイリス・M・ヤングが指摘するように、「自立／自律」の思想は、（必然的）「依存」を自ら自身にとっての問題として受けとめずにすむ者によって語られるとき、「依存」を避けられない人びとや、そうした他者の「依存」を引き受ける人びとをも劣位の地位に引きおろす効果を生まざるをえないのである（Young 1997: 123-127）。

3　主流的正義論の論理構造

このようにフェミニズムが指摘したとおり、主流的な正義論や権利論といった規範理論の内実は、まず「個人の自律」をいかに捉えるかということに決定的に依存する。主要な論者の多くは、明示的ないし暗黙的に「自律（autonomy）」という規範的価値を基底として自らの規範理論を構想しているといえよう（土場 2006: 40）。またそこでは、正義の原理としていかなる「普遍的な権利」が社会のすべての個人に平等に保障されるべきかが論じられる。

そこで次に、諸々の正義論のなかから、先のロールズとノージック、およびアマルティア・センの正義論を選び、それらが導出する正義の原理についてごく簡単に見ておきたい。というのも、土場学が述べるように、端的に図式化すれば、ロールズの正義論を原点として、ノージックとセンの正義論をそれぞれ両端にすえた軸上に、諸々の正義論における個人の自律のモデルが位置づけられうると思われるからである(10)。

まず、ロールズの正義論が導出する正義の原理は、「社会的基本財の平等」である(Rawls 1971)。「社会的基本財(primary social goods)」とは、ロールズにしたがえば、基本的自由、所得や富、権力や特権、自尊心の社会的基盤など、社会生活を営むなかで各人がいかなる目的を追求しようとも、そのために〝最低限必要〟となるような一般的な財をさす。そして、そのような社会的基本財によって可能となる自由を、―普遍的な権利として―社会のすべての個人に平等に保障しようとするのがロールズの正義の原理であるといえる(土場 2006: 41-42)。

ロールズは『正義論』(Rawls 1971)において、この「社会的基本財の平等」という正義の原理の妥当性を論証する論理空間を「原初状態(original position)」(「原始点」とも訳される)とよんでいる。彼はそこで、一定の自然状態(万人の万人に対する闘争など)の想定から、理性ある個人が自発的に社会契約を交わして統治権力を承認することの必然性を示した社会契約説と同様の論理構成を用いて、一定の原初状態の想定から、理性ある個人が自発的に一定の正義の原理を採択することの必然性を示そうとした。

この原初状態において仮設されているのが、「無知のヴェール(veil of ignorance)」とよばれる情報面での制約である。それは、どの契約当事者も社会における自らの境遇、地位や身分、生まれつきの能力、知性、体力その他の分配がどれほど恵まれているか等を知らされていないという条件をさす。すなわち、この仮想的な「原初状態」における「無知のヴェール」下における正義の原理の選択という概念装置は、社会における権利・義務の割り当てや利益・負担の分配に際して、個々人の出自や才能といった社会的・自然的偶然が及ぼす影響を最小限にとどめ、人びとの境遇や利害を超えて普遍的な視点を定立するために設定されたものといえる。

そして、この条件の下で諸個人は、自らの〝自律〟を実現する―つまり自律的人格としての「個人」となる―ために、自己と他者間の社会的相互行為はいかなる「規範的原理」で規制されるべきか、という問いに答えるよう要請される。そこで諸個人は、そのような規範的原理として、任意の目的を構成するために一般的に価値のある「社会的基本財の平等」という正義の原理を承認し、ここにおいて、そうした正義の原理に基づく制度の下で個人の〝自律〟が保障されることになる(土場 2006: 42)。

これに対して、ノージックの正義論が導出する正義の原理は、「権原の平等」である(Nozick 1974)。「権原(entitlement)」とは、正当な財の所有権をさすが、ノージックによれば、財の原始取得(自然的な財の取得)と自発的な財の移転によって得られた財のみが正当な財である。ここで財の原始取得は、自己自身の身体への所有権(自己所有権)と、自己の労働の介入によって生じる外的な財への所有権(労働所有権)に基づいて正当化される。したがって、各人においてこのような権原によって可能となる行為空間が自由であり、そうした自由を――普遍的な権利として――社会のすべての個人に平等に保障しようとするのがノージックの正義論であるといえる（土場 2006: 44-45）。ノージックはここで、社会に存在するのは個々人のみであり――国家や会社といった集合体は擬制にすぎない――、それゆえ個々人の自由な意志と選択こそが世界において価値あるものの最終的な根拠をなすと考える。つまり、社会とは個々人の善や幸福のためにひたすら奉仕すべき存在であって、些かなりとも個々人が社会のために存在するのではない、という道具的社会観がその根底にある。すなわち彼にとって、諸個人が自由な意志に基づいて行為できること、およびその結果が尊重されることこそが正義であり、そうした自由が侵害されることは不正義なのだ。したがって、財の移転と配分は、最大限に自由であることを最重要視する「自由選択主義」によってなされるべきとするのが、ノージックの「権原理論（entitlement theory）」である（盛山 2006b: 8-9）。

ちなみに、この論理を支えている一つのテーゼは、先のミルによる「危害原理」である。これは、他人に害を与えないかぎり、個々人はすべて自分だけで自由に決めてよい、とする原理であり、いわゆる自己決定論を基礎づけている。このようにノージックは、権原という基本概念を拠り所として、「権原の平等」という規範的原理に基づく制度が、自律的人格を実現するために必要であることを論証しようとしている。

次に、センの正義論が導出する正義の原理は、「潜在能力の平等」である（Sen 1985, 1992）。センは、「就学する」「就労して収入を得る」などその個人がなしうる諸々の事柄を「機能（functioning）」

とよび、またその個人が達成できる（誰もが達成してしかるべき）諸機能の集合を「潜在能力（capability）」とよんだ。つまり「潜在能力」とは、社会生活のなかで現実に達成できる行為の範囲を意味している。したがって、このような潜在能力によって可能となる行為空間が自由であり、そうした自由を―普遍的な権利として―社会のすべての個人に平等に保障しようとするのがセンの正義論であるといえる（土場 2006: 44-45）。

センによれば、ロールズの正義の原理―個人の資質や境遇に関わりない「社会的基本財の平等」―には物神崇拝《フェティシズム》が含まれている（Sen 1980）。なぜなら、同じ社会的基本財の配分を受けても、その個人の具体的状況によってその基本財がどれだけの自由をもたらすのかに相違が生じてしまうからである。つまりセンは、ハンディキャップがあるために僅かの施しで欲求や選好が充足されてしまう人の状態を改善するためには、社会的基本財の配分に注目するのではなく、人びとが社会生活のなかで営む「機能」（はたらき）に注目し、そうしたはたらきに機会を提供しうるような基本的な潜在能力こそが平等化されるべきであるとする（盛山 2006b: 13）。

つまりセンにとって「正義」とは、あくまで個人がどれだけ自分自身の潜在能力を実現できているかに基づいて図られるべきものである。こうしてセンは、潜在能力という基本概念を拠り所として、「潜在能力の平等」という規範的原理に基づく制度が自律的人格を実現するために必要であることを論証しようとしている。ちなみに、センの「福祉的自由（well-being freedom）」（Sen 1992=1999: 85-113）は、社会の諸個人によって合意された「潜在能力の平等」という正義の原理のもとで保障される自由と捉えることができよう（土場 2006: 45-46）。

こうしてみると、リベラリズムを中軸として展開されてきた「正義論」は、つまるところ、普遍的な権利としての「自由」を社会のすべての個人において実現されるべき公共的価値とみなす規範的社会理論といえそうに思われる。そこにおいて諸個人は、社会のすべての個人の自由を平等に保障するような（何らかの）「正義の原理」を妥当なものとして承認し、その正義の原理に基づく社会制度に自ら従うことで自己の〝自律〟を実現する（同書：54）。

4 リベラリズムの基本テーゼをめぐって

さてここで再び、これまでリベラリズムが家族内正義（ひいてはジェンダー問題）を等閑に付してきたという、冒頭のフェミニズムによる批判に立ち返ってみよう。岡野八代はその要因を、「身体（body）」という問題をとおして捉えようとする（岡野 2001: 16-20）。「身体」とはまず、リベラリズムが関与しない「自然的」ないし「前政治的」な領域を表す象徴であり、家族を拠点とする生命／身体にまつわる関係性の境界と見なされてきた。一方われわれは、すべての人が経験的世界における諸条件に関わりなく「平等な自由」を享受すべきといった政治的宣言の下では、個々の具体的現実を離れた／脱身体化（dis-embodied）された人格たることを要請される（同書：18）。たとえば、家族内におけるケアの引き受けといった〝個々の事情〟への配慮は、いわば前節に述べた「個人の自律」を支える「普遍的な権利としての自由」と矛盾するからである。さらにいえば、たとえば個々人の身体能力は、いかなる制度とも無関係な、自然的所与の問題へと還元されることになる。

そして岡野はここで、リベラリズムにおいて「身体」が、「前政治的」「自然的」なものとして、あるいは「公正」という価値に照らして無関与であるべきものとして位置づけられることに、リベラリズムが現状維持の思想に反転するメカニズムを見出している（同書 : 19）。江原由美子が敷衍するように、リベラリズムは、自らが立てる基準によってその社会制度が「正義」に適っていると見なされれば、社会成員がいかに「不自由」ないし「不平等」といった不満をもとうとも、その不満を切り捨てうる装置を備えている。すなわち、そうした不満に対しては、「前政治的なこと」として一蹴するか、あるいは「公正」であるべき社会制度が必然的に要請することとして甘受すべきことを説くか、このいずれか（あるいは双方）の装置をあてがえばよい（江原 2004 : 64）。

ここで、さらに踏み込んで留意すべきは、リベラリズムのジェンダー問題に関する不徹底さが、本章の冒頭に述べたような、家族を「自然的」ないし「前政治的」領域と見なすことだけに由来するのではない、ということだ。つまり家族が〝聖域化〟されてきたもう一つの大きな要因は、リベラリズム政治哲学において〈家族〉が、国家権力による介入の及ばない「市民的自由」ないし「全き自由」の領域と捉えられてきたことにあると考えられる。(11) それはリベラリズムが、政治は個々人の私的な善の特殊構想（幸福観や人生設計）には介入しない、という大原則を保持していることに由来するものといえよう。

リベラリズムの最も中核的なテーゼは、ドゥオーキンにしたがえば「異なる善の構想に対する中立性」（人びとの善き生に対する政治の中立性）である。[12] これは「個々人にとって何がよいことなのかに関して社会とりわけ政治的権力が介入することはできるだけ最小限に抑えられるべき」だとする主張である（盛山 2006b: 9）。またロールズによる先の「善に対する正義の優位」においては、いかなる状態や行為が「善」（幸福や生きがいある生）をなすかは個々人によって異なりうる一方、「正義」は公共的なものであり、人びとの間で異なる善の構想やそれに関わる利害の対立を超えて普遍的に妥当すべき規範的価値と考えられている。ここでドゥオーキンのいう善に対する政治の中立性は、人びとを平等に扱うということの条件であり、それは正義が要求する規範的原理であるといえる。

すなわち、リベラリズムは総じて、いかなる活動であれ、他者の生命や自由や財産を害するなどの正当な理由がない限り、諸個人はその活動をおこなう自由を侵されるべきでないと強く主張する。ここにおいて、他者と関わりをもたない個人の私生活領域があるとすれば、それは当然に国家権力（ないし公権力）の行使や他者の干渉が及ばない、「市民的自由」が確保された「全き自由」の領域と考えられてもきたのであった。[13] リベラリズムがジェンダー問題に関して不徹底であった要因は、単に〈家族〉を「前政治的領域」として――「正義」を論じる「政治的領域」の外に――位置づけたことのみならず、「国家権力」が〈家族〉（ないし私的領域）に介入しないことをもって「市民的自由」が確保されている証として位置づけようとしたところにも見出されうるであろう。もしそうであるなら、リベラリズムのジェンダー問題に関する不徹底さは、リベラリズムの中核的なテーゼそのものに基づくということになる。

江原の指摘するとおり、第二波フェミニズムの「個人的なことは政治的である」という基本テーゼには、「個人的なこと」を「前政治的」なものとして位置づけることへの批判とともに、「個人的なこと」を「個々人の事情」に還元することへの批判も含まれていたといえよう（江原 2004：62-63）。

先のウエストも述べているように、従来の「権利」は私的生活への国家介入を制限して、「個人」としての男女を護るものであった（West 2004）。そうした権利の下では、女性も男性同様、たとえば選択・契約・財産・思想・言論の自由といった〝基本的自由〟を享受している。ゆえに女性は（名目上）、女性であるという理由でさまざまな雇用機会などから締め出されることはなく、また、たとえば「ケアを提供する者」としてステレオタイプ化されない権利を有してもいる。一方、彼女がケア提供者である場合にも、市場労働に就いたり、政治的・市民的役割を遂行したりできないとステレオタイプ化されない権利を有している。さらには、今日のいわゆるプライバシー権は典型的に、個人的な行動として自らケア提供者とならない決定をおこなう自由を女性に保障している（ibid.：90）。

政治が個々人の生き方（＝「善き生」の特殊構想）に対して中立性を保ち、万人を平等に扱うべきとする主張は、抗しがたい響きを湛えている。それは一見、個人的な善に対して優位する公共的な「正義」を政治が具現していることを意味するように思われるからである。しかしながら、個々人の生き方は決して完全には「他人に関係のないこと」ではありえない。
すなわち人間は誰もが、その成長の過程で、養育される必要があり、生のある時期においては他者に依存し、そのケアを受けることなしには生を保ちがたい存在者である。にもかかわらず、長いあいだ政治思想は伝統的に、他者の依存とそれを引き受ける責任の問題を熟考することを回避しつづけてきた。後述するように、ギリガンの〈ケアの倫理〉をめぐる議論（依存する他者へのケアが提起する問題）は、従来の主流的な政治思想が人びとを何から「自由」にしようとしてきたかに改めて光を当てている。それは、リベラリズムの原理の適応範囲に関する問題提起として解釈しうるだろう。

先のファインマンは、近代の社会秩序の編成において〈家族〉がケアの責任を引き受けるべき自然な（自明の）ユニットとして見なされてきたことを正面から問題化するなかで、ケアが家族内に囲い込まれて〝私事化〟され、それが〝女性化〟されるメカニズムを明らかにするために、二つの「依存」とその間にある連関を指摘した。すなわち人はみな、生まれ、育ち、老いていく過程でのある時期においては、他者に依存せざるをえない非自立的な存在者（子ども、高齢者、障碍者、病人など）である。そうした生存するために避けられない依存をファインマンは「必然的依存（necessary dependency）」とよび、また、具体的な他者の「必然的依存」を受け容れることによって、ケアの責任を担う者自身が他者への依存を余儀なくされることを「二次的依存（secondary dependency）」とよんだ。つまり後者は、「必然的依存」を引き受ける者が、ときに雇用を通じた稼得の機会を失い、自らの生活を保障してくれる他者（多くは生活費を稼ぐ夫）に依存せざるをえない事態に陥ることをさす（Fineman 1995=2003: 180–182）。

近代家族においてケアの責任を実質的に求められてきたのは女性であり、それは、前述のように女性が社会的・経済的領域においても長く男性の劣位におかれてきたことと連動している。そしてここで、男性（ないし夫）への二次的依存は、単なる〝経済的〟依存にはとどまらない。退出（exit）のオプションをもたない場合には意見（voice）も有効性をもたず、ケアの担い手は、他者との〝政治的〟な関係性においても従属を余儀なくされることになる。(14) エヴァ・F・キッテイによれば、「経済的依存」は多くの場合、同時に精神的・政治的・社会的依存と弱体化を引き起こすのであり、これを二次的依存、あるいは派生的依存とよぶことができる（Kittay 1999=2010: 102）。ちなみにキッテイは、このケア提供者の派生的依存について、自らはファインマン（Fineman 1995）と無関係にこのアイディアを発展させたが、期せずして彼女と自分が類似の論を展開しているのは興味深いと注記していて（Kittay 1999=2010: 120）、目を引かれる。

5　現代フェミニズムの問題構制
――ケアの私事化という視点

ここで改めて振り返ると、概ねフェミニズムにおいては、近代における産業化の進展こそが「男性＝市場での有償労働（賃労働）／女性＝家庭内での無償労働（家事、育児等を含むケアワーク）」という近代的な性別役割分業を発生させ、また家庭内における無償労働分配の不平等こそが、社会におけるジェンダー不平等――諸々の物質的・非物質的な財の不平等な分配を含む――の根底をなしていると捉えられる(15)。女性の家庭内における無償労働の負担は、しばしば低賃金のパートタイム労働の選択に結びつき、ひいては夫への「経済的依存」に陥る結果にも繋がってくる。つまり女性は、家事・ケアワークの負担によって、競合性や一貫性に乏しい労働者として相対的に労働市場へのアクセスを制限されてきたといえる(16)。

フェミニズムは、そうした近代的な性別役割分業の体制こそが、私的領域と公的領域の双方を領域横断的に貫くジェンダー秩序（階層的な両性関係の仕組み）の根幹にあるものと捉えてきたのであった。たとえばヌスバウムによれば、公的な生活における家族成員の行動は、家庭生活への参与の仕方によって形を与えられるばかりでなく、反対にその仕方を定められもする。言い換えれば、家族内での不平等な分業が家族外部での女性たちの生活にとっての障碍物となったり、逆にそうした不平等が社会的な伝統や役割期待から支持をとりつけたりしている（Nussbaum 1992=1993: 80）。

このようなジェンダー秩序を問題化した、現代フェミニズムによるもっとも重要な指摘の一つは、近代の社会秩序が「ケア」を家族の内部に囲い込んで〝私事化〟し、具体的な他者の必要《ニーズ》に応じる責任をできるだけ公共化＝社会化しない仕方で編成されてきたということであった。齋藤純一によれば、国民一般の生の保障をめざす福祉国家においても、基本的に社会保障は、家族内部の自助努力が破綻した場合にのみ、ケアが〈家族〉という生命／身体の領域の外部に越境しないようにするために発動されるものと位置づけられてきた。福祉国家は、いわば非人称の社会的連帯のシステムとして構築されてきたのであり、社会保険制度がその典型である。そうした社会的連帯においては、生の保障を得るにあたって特定の誰かに依存せずにすむメリットがある一方、人称的な関係性における具体的な他者の必要に応答する責任は、あくまで家族や親族の圏域に限定される。すなわち、具体的他者に応答する責任は、〈家族〉という限られた領域においてのみ求められ、その外部でこの責任を求められることはない（齋藤 2003: 184–185）[17]。こうして「ケアの私事化（privatization of care）」は、近代の社会秩序のなかに定着してきたのであった。

そしてこれまで、「ケアの私事化」が実際には「ケアの女性化」であること、その負担を免れた男性や彼らを雇用する企業がケアにおけるフリーライダーであり続けてきたことがフェミニズムによって問題化され、女性自身がケアの責任を〝内発的〟に引き受けることを強いる「愛情」や「母性」が男性のケア責任を免除するためのイデオロギー装置として働いていることが認識されてきたのである[18]。

したがって、こうしたジェンダー秩序に対するフェミニズムの批判は、おもに性別役割分業を廃棄し、女性が男性と等しい条件のもとで労働市場に参加し、男性が家事・ケアワーク（＝無償労働）を女性と同等に分担すべきであるという主張として展開されてきた（齋藤 2003: 179）。

たとえばナンシー・フレイザーは、女性のみならず男性を含む誰もがケアワークを引き受け、具体的な他者の必要に応じていくという「普遍的ケア提供者モデル（universal caregiver model）」を提唱している。[19] そこでは、男女がともにケアを担い、双方とも一定の自由な時間を享受しうるように労働時間を縮減することや、人生のある時期に育児・介護・看護などのケアに専念できる休業制度を整備することなどが要請される。このように男性自身に変化を求めるフレイザーの議論は、社会の全域に浸透している家父長制に基づくジェンダー秩序の歪みを批判する力を備えているといえよう。

このモデルは、ジェンダーの平等を雇用の平等に還元せず、男性中心的な制度や慣行そのものに異議をしめしつつ、現存する「男性＝稼ぎ手／女性＝ケア提供者」という性別役割分業を解体し、社会秩序の構成原理としてのジェンダーによるコード化を除去するうえで有益である。またそこでは、ケアの私事化＝女性化に代わるオルタナティヴとして、男性が「必然的依存」におけるフリーライダーであることに終止符をうち、誰もが依存する具体的な他者の必要に応じていくという方途が示唆される。

ただしそこでは、ケアを〝負担〟としてネガティヴに捉えて、そのコストを〈家族〉というユニット内で（自己完結的に）平等に分担するという問題の立て方を相対化し、さらにはケアを社会化・公共化していく視点が必要であろう。終章で改めて述べるように、誰もが普遍的にケアの担い手であるべきとするこのモデルは、両親とその子どもからなる近代家族を「ケアの自己完結的なユニット」とみなし、生命／身体にまつわる関係性の境界として位置づける従来的枠組みの批判的な問い直しとその超克を伴うべきものと思われる。そのためには、自らに依存する具体的な他者との関係がどのように描き直されるべきなのだろうか。

先の齋藤によれば、ケアを家族の内部に閉ざすことなく、その外に拡がる関係性に開いていくためには、ある特定の他者に向けられる極めて濃密なケアをその通常のあり方と見なすような発想が問い直されなければならない。他者への配慮やケアには、元よりさまざまな濃淡がありうるし、家族の内外で仕切られるべき必然性もない。人びとの生命／身体とその必要への応答は、単数の、距離を欠いた過度の濃密性のなかに閉ざされるべきものではなく、具体的な他者の生への配慮やケアを媒体とする親密な関係性にも、さまざまなかたちがありうる（齋藤 2003: 194）。

そこで次に、上述の「ケアの私事化」のもとで、他者の依存を引き受ける者がどのような困難に晒されるのかを理解するためには、他者をケアするという行為が他の活動様式と異なって、どのような特性をもっているのかを認識する必要があるだろう。ケアという活動様式は従来、それが家事労働一般から区別される場合にも、「再生産労働」の一部として捉えられ、それが間主体（身体）的な相互行為でもある側面には光が当てられずにきた（同書：195）。

齋藤は、具体的な他者の生命／身体に働きかけ、その必要を充たすケアという活動様式には、大まかに次のような特徴があるとしている[20]。第一にケアは、身体と身体との間でおこなわれる、身体接触を不可避とする活動様式である（間身体性）。第二に、他者を応答されうる状態におく行為であるケアは、自らに依存する者の個々のニーズを充たすのみならず、彼／彼女の――過去を含む――生の全体に関わるという側面をもっている（非限定性）。第三に、ケアは他者の心身へと向けられるものであり、その他者のニーズが充たされたか否かによって評価される活動である（他者志向性）。すなわち、自らのケア活動の成否が、ケアを受ける他者の判断に委ねられ、他者の目への依存（つまり他者による定義）を余儀なくされる危険性をはらんでいる。第四に、ケアはいわゆる「感情労働（emotional labor）」の一種であり、相手の生のリズムや感情の起伏に合わせて自らのペースや感情を制御することが要求される。

6 「ケア」という活動の特殊性をめぐって

このように、ケアという活動は、間身体性・非限定性・他者志向性・感情労働といった特性をもつハード・ワークであり、また自らの感情を制御するという高度なスキルを求められるにもかかわらず、しばしば社会的にも経済的にも報われない仕事であることが指摘されてきた。「愛情」や「母性」が女性に〝内発性〟を強いるイデオロギー装置として作用している場合には、ケアの負担が当然視されることも少なくない（春日 1997: 53; 齋藤 2003: 186–187）。

齋藤によれば、ケアを担う人びとが被る自由の剝奪（自分のペース・自分の時間・自分の世界の喪失）は、移動すること、休養をとり健康でいること、社会生活に参加することといった、センのいう前述の「福祉的自由（well-being freedom）」（誰もが達成してしかるべき諸機能を遂行する自由）の剝奪として捉えられるべきである。つまり、ケアが私事化されている現状において、具体的な他者のケアに携わることは、自由の剝奪、関係の剝奪、自己喪失といった危険性とともに生きることを意味している。他方、ケアを受ける者も、ケアを与える者と同様、相手のペースや感情の起伏に自らを合わせることが求められる。また両者の関係は、一方的に保護し／保護されるという関係に陥りやすく、そうした関係の膠着ゆえに、ケアを受けている者は、固定した眼差しで眺められがちになり、自らの力でそれとは異なった関係性をつくりだしていく可能性が封じられやすい（齋藤 2003：187–188）。

具体的な他者のケアには、〝非対称的な関係性〟が伴う。つまり、ケアを与える者と受ける者とのあいだには心身の条件においてある程度の違いがあるが、その非対称性の解除が求められるわけではない。そうした非対称的な関係性においては、一方が他方に干渉する（他者の心身に関与する）ことは不可避であるが、このケアの関係性においては、関係の非対称性がいかに「支配のないもの」として維持されうるかが肝要である（同書：192）。

フィリップ・ペティットにしたがえば、支配のない関係性を維持するうえで避けられるべきは、干渉一般ではなく「恣意的な干渉（arbitrary interference）」であり、それを排するための条件とは、他者の必要《ニーズ》や願望を一方向的に推量せずに、実際に「跡づける（trace）」ことである。つまり、非対称的な関係のなかにも〝相互性〟を維持することが支配を回避するための条件なのであり、ペティットは、他者との非対称的な関係が自由であるための条件を、「非‐支配（non-domination）」として定義する（Pettit 1997: 55-58）。

さらに、恣意的な干渉を排するためには、ケアを受ける者がその関係性から「退出」しうる条件が制度的かつ実質的にも確保されていなければならないが、ケアが私事化されている場合には（施設化も含めて）、その途は確保されがたい。ケアを脱－私事化し、それを特定の固定した関係性に封じ込めないことは、ケアする者とケアされる者との関係性が支配のないものに保たれるための条件でもある。その意味でケアは、齋藤も指摘するとおり単に具体的な他者への配慮に終始するものではなく、その他者との非対称的な関係性をいかに支配のないものに保つかへの配慮、その関係が相互性を欠いたものに傾く場合にはそれを修復することへの配慮としても捉え直される必要があろう（齋藤 2003: 192）。

これまでの行論から、ケアをめぐる困難の多くは、ケアする／ケアされる者が閉鎖的な空間のなかに放逐され、相互に拘束される関係性を余儀なくされることに起因していることが示唆される。そうしたケアの私事化（内閉化）によって生起する困難をできる限り減じるためには、生命／身体にまつわる事柄がそれを超えないように〈家族〉という境界を設けてきた思考習慣を見直す必要があるだろう。家族は、身体と身体とが接触する関係性の境界を画するものとして位置づけられ、近代の社会秩序は、身体接触が（正当なものとして）許される空間とそうではない空間とを峻別してきたといえる。前述のように、ケアを私事化する社会秩序のあり方を問い返し、それを公共的な空間に開いていくためには、〈家族〉を生命／身体がそのなかに封じ込められるべきユニットとして位置づける見方そのものが問い直されなければならない（齋藤 2003 : 188）。

ところで、家族形態が前近代の拡張家族から近代の小家族に編成される際に、一定の役割を果たしたのは「恋愛結婚」（いわゆる“romantic love”）のイデオロギーである（上野 1990 : 58）。このイデオロギーは、家族を成立・存続させる関係の媒体が男女間の性愛の繋がりであるということを人びとの意識に浸透させてきた。またそれが同時に、新しいタイプの家父長制へと女性を追い込む装置でもあったことを、フェミニズムは明らかにしてきたのだった。けれども、そうした近代家父長制への批判は、家族の根幹を、性愛に基づく関係性に見出す考え方それ自体に対する批判としては展開されてこなかった（齋藤 2003 : 188）。

ファインマンは、このように男女が性愛によって結びつく近代家族のあり方を「性的家族（sexual family）」とよび、一夫一婦のセクシュアリティという“横の”親密性によって家族を定義しようとする思考習慣そのものに批判を加えている。つまり第一に家族は、一対の男女のロマンティックな性関係に基づく、横の親密性の制度として経験される。たとえば子どもが未成年の間は一時的に同居したり、あるいは老親が家族に組み込まれざるをえない状況下では、世代間の関係という縦の親密性が維持されるかもしれないが、支配的なパラダイムは根本的・基本的なものとして男女のカップルを特権化する（Fineman 1995 = 2003 : 157）。

前述のように家族ないし結婚とは、ごく限られた性愛のかたちを正当化し、それに与える種々の特権や特典（所有・相続上の権利、税制上の控除、社会保険における優遇措置など）をインセンティヴとして成り立っている制度といえる。ここで特定のセクシュアリティと法制度との結合が再生産している不平等への批判はこれまで、結婚という制度それ自体に対してではなく、おもにヘテロセクシズム（異性愛主義／非異性愛者に対する差別）に対する異議申し立てとして展開されてきた。

ヘテロセクシズム批判の運動は、たとえばフランスの「ＰＡＣＳ法」[21]の制度化等として結実し、非異性愛のカップルも結婚に準じた資格を得られる途が開かれてきた。このことは、異性愛の正統性を相対化するという点では大きな前進であろう。だがそれは、性愛の結びつきによる家族の定義を追認している点では「性的家族」のモデルを踏襲しているといえる。つまり、結婚制度が非異性愛者に開かれるとしても、それは異性愛者がすでに占めていた位置に自らも登ることを意味しており、そのことによって、結婚制度が現に果たしている排除の機能（ある特定の正当化された親密な関係性のみに種々の特権・特典を与える機能）は追認される。すなわち結婚という制度は、たとえばセクシュアリティによって親密な関係を結ばない人びとを差別的に処遇する仕組みであるとも言い換えられよう。結婚しない人、離婚して単身で生きる人、ひとり親とその子ども、性的な結びつきによらずに互いをケアする関係性などは、結婚がもたらす種々の特権や特典の享受から排除され続けることになる（齋藤 2003：189）。

そうした差別や不平等を解消するためには、法的な制度としての結婚とセクシュアリティとを分離し、この制度から、ある特定の人びとのみを排他的に優遇する機能を解除する必要があろう。金子らによれば、セクシュアリティを含む人びとの生き方の違いに対して中立的な（単身／既婚、結婚／離婚に対して無差別な）税制度や社会保障制度を設計することは実際に、さほど困難なことではない（金子・神野 1999：33-37）。

7 リベラルな「ケア権」の構築に向けて

だが、そのようにして結婚という制度それ自体が相対化されえたとしても、ファインマンのいう「必然的依存」の問題が消えるわけではない。「必然的依存」は、それが具体的（人称的）な関係性において誰かによって引き受けられることを要請している。ここで、たとえば施設への入居によるケアの社会化は（むろん施設の利用そのものを否定するものではないにせよ）、ケアを求める者にとっては「退出」オプションを実質的に欠いた、（準）閉鎖的な空間内での拘束を意味する場合が多い。「必然的依存」をめぐるケアの問題は、近代家族のなかに私事化されるのでもなく、もしくは施設に「収容」するという方向で社会化されるのでもない仕方で受けとめられ、脱-私事化される必要がある（齋藤 2003：190）。

必然的依存の私事化と、その拠点であった「性的家族」のあり方にラディカルな批判を加えるファインマンは、〈家族〉を〝ケアの結びつき〟によって再定義する方向で「必然的依存」が引き受けられる関係性を探るなかで、基本的な家族パラダイムの核に代わるものとして「母子対（the Mother/Child dyad）」を提示している。彼女によれば、「母子対」は現在の（物質的・観念的な）社会的支援の対象を、「性的家族」から「養育単位」に移すための構造的・イデオロギー的な基盤を提供するものであり、われわれの社会の法律や政策は、このユニットのニーズに注目することを要請される（Fineman 1995＝2003：257）。

いうまでもなくファインマンは、ここで「母性イデオロギー」の復権を意図しているわけではない。〈母〉は、「私事化された依存」を示すメタファーであって、たとえば単親家庭の父のこともある。また〈子〉は身体的ケアの必要を体現した象徴的な存在者であって、たとえば介護を必要とする高齢者のこともある。つまり「母子対」は、「必然的依存」が引き受けられるあらゆる関係性をあらわしている。

これまで「母子」は、しばしば「必然的依存」を私的領域のなかに完結させえず、公共的＝社会的な資源への「依存」を要求する「欠損家族（risk family）」として描かれがちであったが、ファインマンはそうした否定的なイメージを反転させて、それをあえて新しい〈家族〉のモデルとして提起していると見ることができよう。彼女によれば、そのような新しい〈家族〉――養育とケアのための保護された空間――は、公共的＝社会的な支援を求める正当な請求権を有しており、そのための資源にはこれまで「性的家族」へ特権的に与えられてきたものを充てることができる(22)。

デボラ・ロードによれば、伝統的な「権利」概念に基づくフレームワークの主な問題点は、「権利」がある限られた領域内で適用されてきたことに由来している（Rhodo 1990：635）。オルタナティヴな「権利」概念は、諸個人を保護する形式的な〝権原〟などに代わって、リベラルな社会において諸個人は「依存する他者をケアする基本的権利」を有している筈ではないか、という問いに発すべきものである。そこで想定される「権利」は、ケアする／ケアされる者の福利を保障する、「国家・社会・共同体の援助を受ける権利」を包含している。(23)

ケアワークは明らかに、個人と社会にとって不可欠な労働である。にもかかわらず、家父長制の歴史や現行の市場経済のもとで、ケアワーカー（多くは女性）は一般に、無償ないし低賃金の労働者であり続けてきた。ケアワークをおこなう市民社会の構成員は、たとえ有職の場合でも収入や昇進といったさまざまな機会（ないし財）を失いがちであり、リベラルで平等な社会への参画や市民権を制限されてきたといえる。先のウエストによれば、ケアワークは、いわばそれを担う「階級」としての女性を劣位な地位に配置してきたが、これまで、ケアに対する権利（the right to care: 以下「ケア権」という）が真剣に考察されたことはない。前述のように、従来のリベラリズムにおいて個人の〈自律〉を保護する「権利」とは、たとえば選択・契約・財産・思想・言論の自由といった基本的自由をさし、リベラリズムの枠内で「ケア権」―ケアする／ケアされる権利―が考慮されることはなかったのである（West 2002: 91）。

つまり先に第4節でも触れたとおり、伝統的権利論の枠内では、女性は（名目上）ケアワークの提供を〝強制〟されているわけではない。女性はケア提供者にならないことを「選択」する権利（ケアすることを強制されない権利）を有しているし、もしケア提供者になることを「選択」するなら、彼女の貧困化は自らの選択の結果であり、自己の責任である。それらは単に、ライフスタイルの自由な選好の結果と見なされる。こうしてリベラリズムは、人びとの選択を、いわば個人の「自律性」を保障する権利の制度をとおして保障しているとされてきた。

だが、ケアの提供は前述のように、他の「選択（choice）」とは明らかに異なっている。ケア提供者は事実上、依存する他者への道徳（倫理）的・情緒的責任から、ケアワークによる貧困化や機会の損失というリスクを負うのであり、無償のケア提供は、意思による雇用（employment at will）と同等視されるべきものではない。後者とは異なってケア提供者は、好条件を求めて転職するというように、その労働力を商品化（commodify）し、そうした仕事から離れる（つまり勤務条件を改善する）自由を享受していない（ibid.: 93）。つまりそこにおいて、ケア提供者の「自律性」は保障されていないのである。そして裏を返せば、ここで「ケア権」を認めることは、ケア提供に関する決定の当事者を道徳的能力の主体として〝承認〟するということを意味している。

これまで述べてきたように、いわゆるリベラル・デモクラシーにおいて「権利」は、諸個人における契約・職業選択・財産権の自由、思想・良心・信教の自由、言論・集会・結社の自由、および人身の自由などを保障している。言い換えれば従来の権利は、個々人の自律的で確固たる独立性を保護するものとして理解されてきたのであり、依存的・相関的・共同体的な義務をとおしてつくられる関係内で諸個人を保護する（べき）ものではなかった。むしろ従来の伝統的な権利は、そうした相関的な義務や依存状態が、個々人に負担をかけすぎないことを請け合うために存在してきたとさえいえる。つまりここで、諸個人は本質的に、他者の影響に縛られずに個別性を追求する、自律的で独立した自己なのである。

「ケア権」の導入は、こうした観点からは殆ど自己矛盾的とさえいえる。なぜなら従来の権利は、他者からの自身の分化を保障するプライバシー権を伴い、国家の違憲的な行為や干渉を受けない自由をも護っているからである。すなわち、従来の権利はそうした侵害からの自由を保護するが、人びと間の責務をとおしてつくられる関係内で諸個人を保護することはない。より限定的には、何らかの責務的な関与によって生じる被搾取の可能性や、人間の依存性ないし共同体的相互依存性によってもたらされる弱体化から諸個人を保護しない。

ウエストによれば、ここで諸個人は、国家権力の干渉を排するもの（侵害からの自由）としての「消極的権利（negative right）」を有しているが、国家のサーヴィスや援助を受けるもの（何ものかに対する具体的な権利）としての「積極的権利（positive right）」を有してはいない。そして、たとえばケアワークによって公的生活から締め出されない（非差別の）権利や、ケア提供者になることを選択しないといったネガティヴな諸権利は、これまでケア提供者に対する公的援助を含むポジティヴな権利――つまり「ケア権」――にまで拡張されることはなかった（West 2002: 104-105）。

だが彼女によれば、われわれが共有する「ケア権」構築に関する異論あらざる根拠は、人間にはケアを受けて発達するという本性がある、ということだ。幼少期のケアが適正であるほど、子どもたちはリベラルな社会において責任を果たしうる市民に成長するだろう。高齢期によりよいケアを受けるほど、自らの労働の歳月が報われたと感じるだろう。病や障碍に適正なケアが与えられるほど、自分は見捨てられていないという慰めの感覚が得られるだろう（ibid.：97）。このような、人間のウェルビーイング（心地よい生／良好な状態）[24]に関わるケアの倫理的側面や、人間の普遍的な境涯によって要請されるケアワークの特質から導かれるべき必然的帰結は、リベラリズムの伝統的な「権利」概念が、ケアする／ケアされる者のニーズに応えるいわばポジティヴな〝社会権〟（人間らしく生きる権利）としての「ケア権」を包含するものに修正・拡張されることと考える。

上野千鶴子は、ファインマンのいう「ケアの絆」（Fineman 1995=2003）を、「持続的かつ個別的な、権利と責任をともなう、ケアの受け手と与え手のあいだの非対称な相互関係」と再定義したうえで、この「相互行為としてのケア（care as interaction）」に基づく社会権としてのケアを、「ケアの与え手／ケアの受け手」の双方からアプローチする「ケアの人権アプローチ」を提示している（上野 2009：17–18）。上野にしたがえば、権利の束としての「ケアの人権（human rights of care）」は、次の四つの権利の集合（ないし象限）から成り立っている（Ⅰ・Ⅱは「積極的権利」、Ⅲ・Ⅳは「消極的権利」）。

Ⅰ　ケアする権利（a right to care）
Ⅱ　ケアされる権利（a right to be cared）
Ⅲ　ケアされることを強制されない権利（a right not to be forced to be cared）
Ⅳ　ケアすることを強制されない権利（a right not to be forced to care）

ここで相互行為としての「ケアの人権」は、基本的にはⅠ「ケアする権利」とⅡ「ケアされる権利」の組み合わせから成り立っているが（ウエストのいう先の「ケア権」と重なる＝有賀注）、Ⅰ「ケアする権利」が保障されるためには、その消極的な形態であるⅣ「ケアすることを強制されない権利」（たとえば女性役割規範等による暗黙の強制も免れる）に裏づけられていなければならず、また「ケアの選択によって社会的不利益を被らない権利」を伴わなければならない。ケアを選択することによって被る「社会的不利益」とは、職業生活を犠牲にすることや、収入を失うことで逸失利益を生じること、生活空間の縮小や拘束、そして第三者（多くの場合は夫）への経済的依存に伴う権力関係の格差に甘んじることなどが含まれる（上野 2009：19）。

したがって、ここにおいて「ケアの選択によって社会的不利益を被らない権利」を保障するには、ケアに従事している期間の年金や所得保障、それも選択の前後で経済水準が変化しない程度に充分な、もしくは第三者に私的な依存をしなくてもすむ程度に自活できる額の現金給付が必要であることになる（同書：20）。

他方、Ⅲ「ケアされることを強制されない権利」は、「不適切なケアを受けることを強制されない権利」（傍点は有賀）と言い換えられる。暴力・侵害・遺棄・放置といった、子どもや高齢者への虐待があとを絶たない今日、「不適切なケアを受けることを強制されない権利」を伴わない限り、Ⅱ「ケアされる権利」が保障されているとはいえないことになる（同書：21）。

ケアは人間にとって中心的な生命活動であり、適正なケア提供は、リベラルな国家にも、完全な人間概念にとっても不可欠な要素といえる。もしもジェンダーの不平等を強化する社会的条件の是正に法的関心を向けることが正当であるなら、「ケア権」の構築はきわめて道理に適ったものといえるだろう。ケアという活動の必要性と重要性を再認識し、ケア提供者を、ファインマンのいう「二次的依存」に陥れることを防がなければならない。したがって、そこではたとえば将来のケアの必要に備えた平等な安定した社会的給付が必要であり、父親には、より長期間の育児休業を与えることが要請される。さらに法は、ケア提供者を婚姻内での（特定の他者による）搾取から護ることをめざすべきである。また、単親家庭の貧困化を防ぐような「ケア権」の構築が要請されよう。ケア権の下では、ケア提供者とその依存者は、婚姻の内外を問わず、正当な請求権をもって自活に充分な公的援助を享受すべきものと捉えられる（West 2002: 110–111; 齋藤 2003: 191）。

8　依存をめぐる関係性のユニット
――「親密圏」の再定義

そして、「ケア権」の構築にあたっては、依存を必要とする者とそれに応じる者によって形成される関係性のユニット――養育とケアのための保護された空間――を「家族」という表現に限定しないことも考慮に入れる余地があろう。「家族」という言葉は、単に異性愛主義の色あいを帯びているのみならず、生命／身体とそれにまつわる事柄（先の「必然的依存」を含む）が、それを越えてはならない境界を強く示唆するものだからである。

たとえば齋藤は、具体的な他者の生への配慮・ケアを媒体とする関係性を描こうとする場合の、「家族」に代わる言葉として「親密圏（intimate sphere）」を提示している（齋藤 2003: 191）。ここでの親密圏は、法的保護とプライバシー（公権力の介入を受けない権利を含む）の対象であり、完全に外に開かれたものではありえないが、しかし一切の距離が失われるような完全に内閉した空間でもない。そうした、いわば共生的コミュニティは、一対の特定なセクシュアリティによる結びつきからも、また、生命／身体に関する閉域の設定からも比較的自由であり、それが描く関係性のなかには、たとえば人びとが必要に応じて他からの支援を導き入れながら互いをケアする関係性が含まれうる。[25] 具体的な他者の「必然的依存」を引き受ける人びとが特定の他者への「二次的依存」に陥ることのない関係性の創出と維持は、一例として「グループホーム」という形態や、さまざまな自助グループにおいてもすでに試みられており、そのような関係性を描くためには「家族」に代わる言葉が必要と思われる。

これに関連して、ギリガンにおいては依存する具体的な他者のニーズへの「応答」としていわば一方向的に捉えられてきた「ケア」を、動名詞「ケアリング」を軸として双方向的に捉え直そうとしたのが、先のノディングスである。[26] 彼女はつとに、「ケアする者」と「ケアされる者」との間に「互恵（reciprocity）」という相互的な関係性が形成されることに着眼し、〝ケアリング〟を中核とする道徳教育の再構成を展望した（Noddings 1984）。その見地から、さらにいわば公共圏としての「ケアし合う社会（caring society）」の構想を提示して、リベラリズムに司られてきた従来的な社会政策―パターナリズムへの危惧から、他者の生活への介入を避けるところにその弱点がある―の限界に挑んでいる（Noddings 2002）。

ノディングスの『スターティング・アット・ホーム』（ibid.）は、リベラリズムに依拠する社会政策へのオルタナティヴとして、ケアし／ケアされる感覚が発露する〈ホーム〉を拠点としたケアが指し示す社会政策のあり方を展望しようとする。同書によれば、「最善の〈ホーム〉」において人びとが学ぶ最も基本的なものの一つに、「不要な苦痛を与えてはならない」という道徳的指針があり、それは、他者および自己に対する危害（harm）の防止や緩和を主眼とするものである。

ノディングスによれば、理想的な〈ホーム〉とは、「思いやりある愛（attentive love）」に発する「私はここよ（I am here）」という呼びかけを伴って、具体的な他者のニーズに細やかに応答する人びとが存在している場所にほかならない。川本隆史によると、そうした捉え方から得られる社会政策の最も重要な指針は、自らに依存する他者に対して、ケアを与えようとする行為主体が積極的に応答することを不可能とするような、いかなる政策もルールも制定されるべきではない、というものである（川本 2004: 24）。

こうしてノディングスは「ケア」の拠点を、強者／弱者間の権力関係が包含された〈家族〉ではなく〈ホーム〉に置いて、そうした〈ホーム〉で発揮されるニーズへの応答（すなわちケア）を私的な倫理に収斂させることなく、公共的な討議や政策の主要テーマへと拡げていくべきことを提言する（Noddings 2002: 283-300）。そこでは、正義とケアを二項対立させることなく、権利（および公共的な生活）とケア（および私的な生活）を連係させること――〈ホーム〉での学びをケアの公共倫理（a public ethic of care）の構築に役立てること――が強調されている。すなわち、善き生が可能であり、かつ魅力的であるような世界を創るためには、ケアの私的倫理のみならず、ケアの公共倫理も有用なのである（ibid.: 301-302）。すなわち、川本も述べるように、人間の生命の構成要素である「ケア」という活動をめぐって、私的な生活と公共政策および公共の関心事とをつなぎ合わせる、公共的な討議を広く興すことが肝要であろう（川本 2004: 29）。

本章第3節に見たように〈正義の倫理〉は、いわば「何が正義に適うか」という問いに主導されているといってよい。それに対して〈ケアの倫理〉は、「他者のニーズにどのように応答すべきか」を重視する（川本 2004: 20）。だがここで留意すべきは、ギリガンの議論において、二つの倫理はそれぞれ「公共的な領域における倫理」と「私的な領域における倫理」として二項対立的に位置づけられているのではないということだ。つまり、他者の生に苦難を見出し、それを緩和する責任（Gilligan 1982: 100）は、私的な圏域の内部倫理に限定されてはいない。〈ケアの倫理〉は、具体的な他者の困難に応じようとするものではあるが、そうした他者は、すでに親密な関係にある他者であるとは限らない。その倫理が希求する理想像は、「誰もが、他人から応えられ仲間としてみなされ、誰ひとり置き去りにされたり傷つけられたりしてはならない」（Gilligan 1982: 63）という、新たな公共圏のあり方も視野に入れたヴィジョンである。

ギリガンのこの観点には、〈家族〉という私的領域においてはケアを担うべき責任が自己完結的に課される一方、それを越えた領域ではその責任が完全に免除されているとする、「他者への責任」に関する従来の境界設定を覆していく可能性が含まれている。またしばしば、そのように解されがちであるが、ギリガンは〈正義の倫理〉と〈ケアの倫理〉という二つの倫理を男女に振り分け、両者が相補的に結びつくことを求めたのではない。彼女が示唆しているのは、従来のジェンダー秩序において、「責任とケアの倫理」は男性よりも女性の生の経験により深く編み込まれてきたということだけである。実際ギリガンは、互いに緊張関係にある二つの倫理をともに涵養していくことを、男女双方にとっての成熟と見なしてもいる（齋藤 2003: 193–194）。つまり彼女は、「二つの倫理の統合」を、人間の心理的な成熟の目標に定めた。

そしてここに、ジェンダー間の平等を図るために社会が従うべき基底的な規範を求める「フェミニズムの正義論」の拠り所が見出されうるのではないだろうか。フェミニズムが提起する正義とは、多様な善（good）の特殊構想を超えて、フェミニズムが正（right）なるものとして擁護すべきアジェンダ（重要な政治課題）といえる。そのアジェンダは、他者の生に苦難を見出し、それを緩和する責任を基点として、正なる人間生活のあり方―ないしウェルビーイング―とは何かを考究するフェミニズムの規範理論をとおして実現が図られていくべきものと考える。フェミニズムからの批判を汲み入れるかたちで、政治的選択に関する哲学的規準としての寛容なリベラリズムを再構成するためにも、リベラリズムの伝統的な「権利」概念が、ケアする／ケアされる者のニーズに応えるものへと修正・拡張され、リベラルな「ケア権」と、それを基軸とする新たな公共圏（public sphere）が形成されていくことが望まれる。

注

（1）周知のように「第二波フェミニズム」は、一九六〇年代後半に始まる現代思想としてのフェミニズムをさし、一九世紀半ばから二〇世紀前半頃までの、女性参政権獲得運動を中心に展開された「第一波フェミニズム」と区別されている。以下本書でいう「フェミニズム」は、「第二波フェミニズム」をさすものである。また、政治哲学としてのリベラリズムは多義的であるが、一般にホッブズやロックに始まる古典的リベラリズムと、平等の問題をめぐって古典的リベラリズムの現代的再構成を試みるジョン・ロールズ以降の現代リベラリズムとに区別される。本書においては、主にロールズらの現代リベラリズムに焦点をあて、それは真にジェンダーの不平等を解決しうる社会理論として有効かどうかという問いを検討する。

（2）本書第三章および Minow & Shanley（1997）を参照。なお、公私分離に関する議論の詳細については、野崎（2003：57-61）を参照のこと。

（3）ここでは「政治」を、「生活や行動を拘束する権力作用」と捉えている。

（4）この見方は、おおかたのコンセンサスといってよいと思われるが、たとえば、盛山（2006b：29）を見よ。

（5）ここでの「身体」は、（リベラリズムが関与してこなかった）「前政治的」「自然的」な領域に属する、基本的な生物学上のニーズを充たされるべき個体としての身体を意味する。
（6）齋藤（2003）、とくに第二節を参照。なお、一般に「ケア」は、育児・介護・看護など、具体的な他者の生命／身体に働きかけ、その必要を充たす活動をさすが、さらに本書では広義の「ケア」を、「諸個人のウェルビーイング（心地よい生／良好な状態）を維持するための心身両面への配慮」と捉えている。次頁の注（24）を参照。
（7）リバタリアニズムの全体像および詳細については、森村（2001）を参照のこと。なお、リバタリアニズムは、「自由至上主義」や「自由尊重主義」と訳されることもある。
（8）齋藤（2003：193）を見よ。また川本（2004）も参照。
（9）齋藤（2003）および山根（2006）を参照。
（10）土場（2006：41）を見よ。また土場は同論考で「正義論の議論の幅はほとんどそれぞれの議論の『自律』の概念の意味内容で規定されるといえるかもしれない」と述べている（土場 2006：38）。なお、三つの正義論については、おもにこの土場論文（第4節：41–46）および盛山（2006b）、ほかに江原（2004）、竹内（1999）などを参照した。
（11）江原（2003：62–63）を見よ。また野崎（2003）も参照。
（12）このテーゼは、ドゥオーキンの一九七八年の論文「リベラリズム」（Dworkin 1985 所収）で最初に提示された。
（13）たとえば、Okin（1989）および野崎（2003）を参照。
（14）齋藤（2003：185–186）を見よ。また Tulloch（1984）も参照。
（15）たとえばスーザン・M・オーキンは、家庭内での無償労働が男女間で不均衡に分配されていることの影響が、公的領域にも波及して女性の不利益な取扱いを生み、それが再び私的領域における男女間の関係に影響を及ぼすという悪循環構造を指摘した（Okin 1989）。

(16) Tulloch (1984) を参照。ここでパトリシア・タロックは逸早く、女性が陥る夫への「経済的依存」について論じている。なお詳しくは、有賀 (2000) 第三章を参照されたい。

(17) マイケル・イグナティエフによると、福祉国家においては、非人称の連帯と人称的な関係性にそれぞれ異なった「責任」が振り分けられている。つまり「国家」の媒介を境界として人びとは、前者においては互いに対して責任を負っているが、後者においては互いに対して直接応答する責任を負っていない (Ignatieff 1984: 10, 15f.)。

(18) 齋藤 (2003: 191) を参照。ほかに有賀 (2004)、春日 (2001)、山田 (1994) など。

(19) Fraser (1997=2003)を見よ。なお詳しくは、本書第一章第4節を参照されたい。

(20) 齋藤 (2003: 186) を見よ。ほかに Hockshild (1983)、春日 (2000) などを参照。

(21) 連帯市民協約 (Pacte civil de solidarité, 一九九九年成立)。結婚と同棲との間に、「契約的同棲」というライフスタイルを制度化したもの。同棲関係にあることを政府 (裁判所) に届け出ることによって、財産分与・相続・税制・社会保障等について、結婚に準じた優遇措置が講じられる。契約者は、異性・同性を問わない。なお、このパクス法は「家族の個人化」の側面を示すものであり、家族の位置づけが、「制度 (公序) としての家族」から、「契約としての家族」、「個人の幸福追求権や性的指向をも充足させる共同生活空間としての家族」への展開を示すものでもある (辻村 2004: 87)。

(22) Fineman (1995: ch. 9) のほか、大沢 (1999) および West (2002) も参照。

(23) West (2002) および Minow & Shanley (1997) を参照。

(24) この捉え方は、寺崎弘昭による。寺崎はウェルビーイングについて、「そもそも、〈福祉〉とは、英語では "welfare" であり、一四世紀以来『善き生 (good living)』を意味するものとして使われてきたものである。それは、"well-being"、人や共同体や事物が良く快適な状態にあることをいう。快い状態、心地よさ、それが〈福祉〉にほかならない」と述べている (寺崎 2000: 42)。

(25) 斉藤(2002)および全国自立センター協議会(2001)を参照。
(26) Noddings(1984=1997, 2002)を見よ。なお簡潔な解説は、川本(2004: 23–25)を参照。川本によれば、近著(2002)でノディングスは、「正義対ケア」論争にも一石を投じている。つまりそこでは、「ケアリング・フォー」(具体的な他者への直接的な世話やいたわり)と「ケアリング・アバウト」(自分と離れた場所に暮らす人びとへの気づかい)をいったん区別した上で、後者が、正義を求める有力な動機を提供し、正義の中身の大半を生み出すものと捉えられる。したがって、正義そのものはケアリング・アバウトに左右されるが、ケアリング・アバウトはケアリング・フォーに依拠している。すなわち正義とケアを二項対立させるのでなく、両者の相互作用を見極めようとするなかで、権利(および公共的な生活)とケア(および私的な生活)との連携が強調されている(川本 2004: 24–25)。

第一章　フェミニズムによる正義論の射程
——家族内の正義をめぐって

1　リベラリズムの公私二元論をめぐって

前章では、第二波フェミニズム[1]が発したリベラリズム批判を中軸とする、「フェミニズム正義論」の意義についてみた。本章においては、さらにリベラズムの近代的公私二元論がはらむ諸問題に焦点をあてながら、フェミニズムによる新たな正義論の射程はいかに設定されるべきかについて考察していきたい。

さて、近代以降の主流的な政治理論としてのリベラリズムは概ね、「個人主義的（individualist）」「平等主義的（egalitarian）」「普遍主義的（universalist）」「改良主義的（meliorist）」の四点で特徴づけることができよう（cf. Gray 1995: 86）。それは諸個人から構成され、かれらの自由が最大限に尊重される社会秩序を構想した。そこでは各人のさまざまな属性（身分・家柄・人種・性別など）にかかわりなく、個人として等しく尊重されるという普遍主義の要請が満たされなければならず、そのなかには当然、性差を超えて女性に男性と平等な権利を保障するという課題が含まれなければならないはずである。

しかし、これまでフェミニズムの政治・社会理論がもっとも中心的な批判の対象としてきたのは、ほかならぬこのメインストリーム理論としてのリベラリズムであり、ジェンダーに関してその責めに帰せられるのは、次のような諸点であった（森 1994：197）。

① リベラリズムは、男女の法的・政治的平等を標榜するが、それは現実の平等を保障するものではなく、社会的・経済的不平等については介入せずこれを放置する。

② 労働市場における女性の圧倒的な不利は女性の社会進出を阻んでいるが、経済的自由の建前からこれに介入しない。

③ ポルノグラフィ等の文化的性支配を、表現の自由の名の下に放置する。

④ 家族内における夫の妻に対する暴力なども含む性支配は、私事として公共の関心から遠ざけられてしまう。

そして、こうした諸点を導く起源として批判されるのは、リベラリズムがとってきた公私区分のあり方である。公私区分のあり方は、政治哲学の重要問題であり、さまざまなかたちがとられてきた。スーザン・M・オーキンによれば、公私区分のなかには「公＝国家／私＝社会」の区別と、「公＝非家庭／私＝家庭」の区別という異なるものが混在しており、社会経済的な領域は、前者では私的領域を構成するが、後者では公的な位置づけを獲得する（Okin 1991: 117）。そして前章で述べたように、後者の意味での公私区分の問題性が、まさに現代フェミニズムによるリベラリズム批判の核心として提示されたのであった。つまり、〝正義の原理〟が適用されるべき公的領域（＝非家庭）と、〝不可侵の聖域〟である私的領域（＝家庭）とを区分する、リベラリズムのとってきた近代的公私二元論こそが、家族の政治性や個人の生活における正義の適用妥当性《レレヴァンス》を不可視なものとし、ジェンダーの不平等と深く関わりをもってきたと捉えられる。フェミニズムが問題視する公私区分とは、先述のとおり「非家庭／家庭」の峻別、および前者（＝非家庭）への正義の局限をさすものである。

ウィル・キムリッカによれば、国家（政治的なもの）と社会との区別という意味でのリベラルな公私区分はジョン・ロックに由来するものであるが（Kymlicka 1990: 250）、それは、国家の政治的な介入から自由な社会の自律を護るという主題に導かれていたといえよう。ヘーゲル以降の国家と市民社会との概念的分離にも見られるように、近代思想においては、社会（＝市民社会ないし市場を中心とした私的領域）こそが自由の領域なのである。そして、ここで家庭生活に正義の原理が適用されてこなかったのは、それが私的領域に属するからというより、家庭が市民的自由の領域という意味での私的領域の一部とは見なされていなかったということに因っている（ibid.: 253）。

すなわち、リベラリズムをはじめとする近代以降の主流な政治理論は、その「非家庭／家庭」区分において、前者の政治社会を〝自然〟から切り離された人間の組織、後者の家族を〝自然〟の支配する領域として捉えてきた。そこでは、ジェーン・フラックスの示唆するように、近代合理主義的認識論に内在化された「男性・文化／女性・自然」という二項対立的な知の構図とパラダイムの下に、〈家族〉が主として母子間の血縁的紐帯からなる「親密で情緒的な自然関係の王国」として肯定的に仮定され、国家と労働からなる非人格的王国（＝男性世界）に対置されているといえよう。つまり今日に至るまで、女性（ないし家族）は、とりわけ産業革命以降の西洋社会という競争原理が支配する冷酷無情《ハートレス》な世界、高度に機械化され工業化された世界からの「最後の避難所」となっているのである（Flax 1987: 635）。

キャロル・ペイトマンによれば、政治と家族に別個の原理や価値規範が適用されるというかたちでの近代的公私二元論も、やはり先のロックに由来する（Pateman 1989: 120-121）。ロックの公私二元論は、家父長制的な王権神授説に基づいて絶対王政論を唱えたサー・ロバート・フィルマーの『父権論（*Patriarcha*）』（一六八〇年）に対峙して、契約主義的な市民的統治理論を提起するためのものであった。フィルマーにしたがえば、神により人類の父祖アダムに与えられた支配権は、長子相続によってその子孫たる父家長に伝えられたものであり、よって父権に由来する支配権は、自然の理法に基づく絶対的なものである。つまり、家族内の家長の権力は自然によって与えられたものとされ、また政治的権力もこれと同一のものとされた。このように彼は、政治社会・家族双方における権力を〝自然〟によって基礎づけている。

一方ロックは、政治権力は人民の合意に基づくべきものであり、自由で平等な諸個人に対しては、合意のある場合のみ正当に行使できるものと論じた。すなわち政治社会における統治は、〝契約〟という自発的原理によって根拠づけられる。しかしながら、家族内における最終決定権としての家長の支配権は、フィルマーにたがわず、「より有能で、より強い」(Locke 1690=1968: 84-85) 夫の自然的権威によって基礎づけられるのである。

政治理論における支配の正当化は通常、何らかの偶然を必然へと転換する概念装置を伴っており、その際、「本性」という意味の含まれる「自然 (nature)」という観念がしばしば動員された。そうした近代以前の思考様式にごく一般的にみられた発想の自明さを破壊し、所与の秩序の自然の名による正当化を否定したはずの社会契約説によっても、男性の女性に対する支配は批判の対象とならず、逆にこの支配によって成り立つ家族に政治的共同体が依存することになる (森 1994: 193)。

こうして一七世紀から二〇世紀におけるフェミニズムの興隆に至るまで、リベラルな政治理論家たちは、〈家族〉を〝自然〟で〝私的〟な結合体と捉えてきた (Minow & Shanley 1997: 85-86)。このような結合体は、基本的に夫妻としての男女、および彼らの生物学的な子どもたちから成っている。そして家族内では、夫／父が妻子に対して権威をもつ代わりに、(多くは使用人等も含む) 家族成員に対する経済的扶養の義務を負う。つまり、家長たる夫が「市民社会」という公的領域において家族を代表するのが自然なことと捉えられ、この市民社会において自由を享受する個人とは「男性の家長」であることが前提とされてきたのである。そして、こうした前提を強固に支えてきたのが、〝自然〟によってつくられる「前政治的（prepolitical）」かつ神聖なるものとしての家族＝「私的領域」と、社会契約に基づいて構成された政治＝「公的領域」とを峻別する公私二元論であった。

したがって、近代思想の申し子ともいえる「第一波フェミニズム」では、家族内における女性の地位の〝特異性〟や〝問題性〟に対する疑問は投じられなかった。選挙権や財産権などの男女平等はまさにその中心課題であったが、女性が家族成員のケアを中心とする家庭責任を負うことは、〝自然〟のものとして自明視されていたのである。ちなみに、古典的リベラリズムの立場から男女平等の権利を擁護したジョン・S・ミルも、「女性が結婚をする場合には、［…］家政と育児とを自己の第一の任務として選んだものと解するのが当然である」と述べている（Mill 1869＝1957：110）。このように、家族における女性の自然的従属や、女性が家庭責任を負うことの根拠は、ひたすら生物学的差異に求められてきたのであった。家族内部における男女の性の自然的な差異を根拠とする支配の正当化は、それとは原理を異にする近代社会のただなかで、その不可欠の構成基盤として強固に維持されてきたといえよう。

こうした、長いあいだの揺るぎない固定観念に異議をしめしたのが、「第二波フェミニズム」であった。一九六〇年代に始まる、現代思想としての第二波フェミニズムは、まさに〈家族〉という制度のなかにこそ女性抑圧という不正義の根源があるとして、近代的公私二元論を鋭く批判するところから出発した。

すなわち、近代における産業化の進展がもたらした「公的領域／私的領域」の分離とは、男性が市場での有償労働《ペイド・ワーク》（賃労働）に従事し、女性は家庭内での無償労働《アンペイド・ワーク》（家事・育児）に従事して稼ぎ手の夫を支え、労働力の再生産にあたるという、近代的な性別役割分業の発生とともに固定化されたものと捉えられる。言い換えれば、近代社会は女性を社会的生産から閉め出すことによって〝専業主婦〟として家庭という「私的領域」に囲い込み、その社会的役割の価値を低下させてきたという認識が、第二波フェミニズムの基本的な立脚点となっている。現代フェミニズム理論の共通基盤は、端的にいえば〈家族〉を基点とする男女の固定的な性別役割分業の有効性に異議をしめし、社会的・文化的構造としての女性の劣位を、変革されるべき問題状況と捉えるフェミニスト・パースペクティヴの導入にあるといえよう（有賀 2000：13-14）。

一九世紀後半に始まる性差研究の種々の段階を経て(2)、第二波フェミニズムでは、性差が生物学的に決定するという〝生物学的還元説〟それ自体に異議がしめされる。周知のとおり、一九七〇年代に「ジェンダー」（社会的・文化的性差）の概念を導入したフェミニズムは、まさに性差が社会的に構築されるとするいわば〝社会構築主義〟の立場を共有しているのである。そして殊に第二波フェミニズムは、家族内における女性の役割を問題化した点で、画期的であった。

先のオーキンによれば、家族内における無償労働（unpaid work）の分配の不均衡こそが、社会におけるジェンダー不平等の根底をなしている。言い換えれば、家族内での家事・育児といった無償労働分担の男女不平等が、公的領域にまで波及して、女性の不利益な地位に結びつき、それが再び私的領域での男女関係に影響を及ぼすという悪循環構造を生みだしている（Okin 1989: ch. 6）。つまり、家族内で無償労働をおもに負担する女性は、しばしば低賃金のパートタイム労働の選択を余儀なくされ、夫への経済的依存に陥る結果となる。この女性の〝経済的依存性〟については次節に詳しく述べるが、オーキンは以上の観点から、家族内においても無償労働の分配が、正義の原理に基づいておこなわれるべきであるとする。すなわち、女性の不利益な地位に結びつく家族内の性別役割分業を自然なものとして、正義の原理と無関係《イレレヴァント》（irrelevant）なものに留めおくならば、公的領域への男女平等な参画は阻まれることになる。

ペイトマンの言をまつまでもなく、「家族における女性の自然的従属」と「万人の自由と平等」とは両立しない。というのも、家族内での自然的従属を前提とする限り、女性は自由と平等の原則が適用される公的領域への参加を制限され、結果として自由で平等な〈個人〉の地位から除かれることになるからだ（Pateman 1989: 121）。すなわち、政治理論において「男性の家長」が前提とされていた〈個人〉の概念に、女性をひとしく包摂するためには、家族の〝自然性〟を問い直すことが不可欠なのである。

こうして、〈家族〉を〝自然〟で〝前政治的〟なものと捉える近代的公私二元論のあり方に根源的な批判を向けた第二波フェミニズムは、「個人的なことは政治的である」（The personal is political）というスローガンのもと、家族関係や男女の性関係といった、従来政治とはイレレヴァントとされてきたものの〝政治性〟すなわち「家族の政治性」を可視化したのであった。このスローガンは、いわばリベラル家父長制（liberal-patriarchalism）が隠蔽してきたものに対峙し、「家父長制（patriarchy）」をキーワードとして、政治の領域を再発見し拡大しようとするフェミニズムの試みを表現している。（3）

2 「近代家族」の問題性
——女性の「経済的依存性」を軸として

そうした家族の政治性を探るフェミニズム理論に共通の底流をなすものは、いわゆる「近代家族」へのアンチテーゼであるということができよう。すなわち近代家族とは、子どもが家族の中心となり、子どもの世話をする母親役割が神聖化された閉鎖的集団であり、そこでは〈家族〉という美名のもとに「母性愛」が至上の感情として神秘化され、すべての女性に「本能」として半ば強制されている。つまりその制度は、①家内領域と公共領域の分離、②家族成員相互の強い情緒的関係、③子ども中心主義、④男は公共領域／女は家内領域という性別分業、⑤家族の集団性の強化、⑥社交の衰退、⑦非親族の排除、⑧核家族、によって強固に支えられていると捉えられる（落合1989: 18）。

そしてこの「近代家族」システムから帰結するのは、女性の〝経済的依存性〟であることが指摘されてきた。それは、先進資本制社会に包摂されたある特定のタイプの経済体制―家父長制的な資本主義―の発展における一つの産物であり、それを基盤としたものである（Cass 1984: 40）。この経済体制、すなわち「資本主義的家父長制（capitalist patriarchy）」の二つの主要な特徴は、私的な家庭生活の領域と公的な賃労働の領域とのきわめて明確な空間的・イデオロギー的境界区分、および高度に発達した国家介入の様態である。この国家介入は、第一に労働市場の規制（たとえば深夜労働・危険業務の有無など）によって女性に従事可能な職種や報酬等を統制し、第二にたとえば家族法や社会保障制度、あるいは出生率増加奨励の家族政策などをとおしてジェンダーの諸関係に作用する。そして従来、家事・（育児を含む）ケアワークに関する〝女性への特化〟を奨励する公共的諸政策は、「家事労働／市場労働」の二分法とジェンダーの二分法とを増幅してきた。

ベッティナ・キャスによれば、女性の「経済的依存性」という論点は、先進資本制社会に内包される三つの主要な制度―家族・労働市場・国家―に関連して、次のようなテーマの重要性が認知されたときに、フェミニズムの所説において一つの中心的地位を与えられた（Cass 1984: 38-39）。

① 家庭内の分業における女性の地位。すなわち女性が家事・ケアワークにかかわること（子どもの世話、高齢者や病人のケア、健常な夫の世話を含む）。

② 労働市場が分割されていること。すなわち女性の仕事は典型的にみると相対的に不安定で報酬が低く、また労働過程では自立性や高度な資格付与を獲得する機会が少ないために、経済

的依存を未解決のままに据えおくものが中心になること。

③ 公共的諸政策の役割。より広範には、労働市場や家庭内の諸過程がつくり出した経済的依存性の創出・強化、あるいはその変革における国家の役割。

そこでは〈性別〉が、労働市場にとっても、女性の「家事・ケアワークを遂行する義務」と男性の「妻子を扶養する義務」に基づいた〈家族＝家計〉にとっても中心的な要素となっており、二組の労働インセンティヴ──男性の賃労働に対するインセンティヴ、および女性の無償労働（家事・ケアワーク）に対するインセンティヴ──が維持されている。つまり、女性の家事・ケアワークは、福祉国家の機能や労働力の再生産、あるいは非労働力人口（＝次世代労働力）の扶養に対してさまざまに貢献しており[4]、そこでの「家庭内福祉」は、家族政策や社会保障等を通じた公共福祉政策によって調整され、また「女性的役割」に関する一般的な社会規範は一連の家庭責任を是認し、女性の労働市場へのアクセスを制限する。

パトリシア・タロックによれば、その相乗効果が、女性を配偶者や国家への経済的依存の危険に晒すことになる。というのも、無償の家事・ケアワークが一家の稼ぎ手の生産関数にとって副次的な「非労働」という地位に追いやられることによって、女性は福祉提供者でありながら、配偶者ないし国家への経済的依存を通じて、その受領者となるからである（Tulloch 1984: 19）。こうして女性は家庭の内外において男性と非対称的な権力関係に配置され、これが再び、経済的被扶養を余儀なくされる女性の経済的依存を生む元の原因にフィードバックされていく。

ここで女性の経済的依存性は、女性から無償労働をひきだす婚姻制度の一つの作用としてみなされる。先のキャスによれば、結婚という制度と母性偏重という制度とが一対となって、女性を依存的なものにさせている。つまり女性は、無償の家事労働者としてその経済的独立性を奪われ、家庭責任の担い手として競争的労働市場において不利な立場に留めおかれるのである。したがって女性の地位は、もし男性の稼ぎ手による扶養を失ったり拒んだりするならば、福祉受益者として貧困状態に留められている人びとの集団に新たに参入することになる予備軍のような地位であるという(Cass 1984: 4)。そして前章でも述べたように、「経済的依存」は多くの場合、同時に精神的・政治的・社会的依存と弱体化という二次的/派生的依存を引き起こす(Kittay 1990=2010: 102)。

近代社会を「人間を解放した社会」と規定する近代主義思想は一般に、封建的身分からの解放をその最大の長所としてあげるが、この解放の意味内容を実質的に保障している規範は、本章の冒頭に述べた「個人主義」「平等主義」「普遍主義」「改良主義」という四つの特徴であると措定しよう。そこでは、諸個人の属性にかかわりなく、各人の能力や業績によって地位や報酬が配分されるべきであり、かつ各人の属性にかかわりなく、皆同じ規則や法が適用されるべきと考えられる。これらの規範原則は、政治・経済領域においては凡そ正当化されている。しかし片や家庭生活領域においては、逆にこれらとは対立する規範―愛情の強調・親子等の属性の強調・無限関与の強調など―の確立をみたのが近代社会であったといえよう。すなわち、フェミニズムの「個人的なことは政治的である」という基本テーゼは、まさに近代家族という私的領域の成立自体が、実は〝公的に〟設定された一つの権力作用であることの訴えであったといえる。

そして、フェミニズムの想定する「ジェンダー社会」では、次のような能力評価や性規範をめぐるいわゆるダブル・スタンダード（男女の行動・態度に対する異なった評価基準）が適用されてきた（有賀 1999 : 134）。

① 経済面において、生産労働が非生産労働（＝再生産労働）と区別され、男は家庭の外で生産労働につき、女は家庭で非生産労働とされる家事・育児をおこなうといった性別役割分業が規定されている。

② 政治面においても、政治をおこない国家を動かすのは男であり、女は間接的に、男を育てる母親として、また夫を通して、あるいは男たちを援護することによって政治に関わるものとされる。

③ 上記の社会通念をとおして、心理面においても「男らしさ／女らしさ」の性イメージが固定され、人びとはそのイメージに従って行動することを余儀なくされる。そして性差は男女の二極に限定され、それ以外は認められない。

フェミニズムが提起する正義とは、まさにこれらの構造を解体することであり、したがって正義の原理は、家族内においてこそ適用されるべきことになる。言い換えれば、公的領域に適用される正義の原理を、〈家族〉に不適用《イレレヴァント》のままに留めおいてはならず、「非家庭／家庭」という従来の公私区分は見直されなければならない。まさにフェミニズムとは、女性抑圧の廃止を、「家族内の正義」という基点に立脚して近代社会の構造や資本制生産様式のあり方を問い直すことによって実現しようとするものといってよい。こうしたフェミニズムの理論展開に鑑みれば、政治の領域を支える正義の原理は、家族の領域にも適用されるべきことになる。すなわち、家族内における性別役割分業は、もはや正義とイレレヴァントな問題ではない。

ここにおいて、「フェミニズム正義論」に固有の問題とは、フェミニズムによって擁護されるべきアジェンダ（重要な政治課題）とは何であるのか、という問いかけであろうと思われる。したがって、本書における〈正義〉を、「多様な善（good）の特殊構想を超えて、フェミニズムが正（right）なるものとして擁護すべきアジェンダ」と定義し、その意味するところを、以下の考察でしだいに明らかにしていくことにしたい。その究極にあるものは、おそらく従来の私的領域（＝家族）内部におけるジェンダー秩序の解体であり、従来の性別役割分業からの男女の解放である。それは、公私二つの領域区分の問い直しを伴いつつ、公的領域への女性の参画と、家事・ケアワークへの男性の参画とを促すものでなければならない。さらに、男性原理とは区別される女性特有の「連帯の倫理」の主張や、公的領域に従属してきた私的領域自体の価値の復権をめぐる問題はどのように捉えられるべきなのか——。こうした価値に関する問いかけは、フェミニズムのあらゆる領域の議論がそうであるように、ここでも不可避的である。

3　公私区分の再設定
――プライバシー保障の視点から

さて、前節までの議論において「非家庭／家庭」の公私区分は見直されるべきことが示唆されたが、このことは、リベラルな公私区分の理念それ自体が廃されるべきことを意味するのだろうか。フェミニズムは、従来「個人的」なものと見なされてきた家族内の権力関係（＝性の政治）こそが、まさにその他の領域における性差別の起源であったことを指摘した。つまり「個人的なことは政治的である」という先のスローガンは、家族内のできごとを「個人的なこと」として、政治的討議事項や正義のレレヴァンスから先験的《アプリオリ》に除くべきではないということを訴えかけるものであった。しかし、これを超えて「個人的なこと」をすべて政治的検討のアジェンダに付してよいという意味に、このスローガンを解釈すべきではないと考える（野崎 2003：吉澤 1997）。

フェミニストの多くも、この標語が、公私の区分それ自体を悉く放棄することや、公的領域と私的領域とを全く等質化することと同義ではないとする。たとえばキャロル・ペイトマンによれば、現代のフェミニストは公私領域間の境界線引きの可能性や妥当性を必ずしも打ち消すものでなく、私的領域を「自然」と同一視することを否とするのである（Pateman 1989: 121）。フェミニストにとっても、他者との親密な関係を築いたり、社会的な役割を一時的に遁れるために、プライバシーの権利はきわめて重要なものであり、そして、こうしたプライバシーは、統一体としての〈家族〉に付与されるものではなく、あくまで〈個人〉を単位とするものでなければならない（Okin 1991: 130-136）。すなわち、家族を単位とする伝統的な私的領域の捉え方とプライバシーとは峻別されるべきであるという点が、フェミニズム正義論にとってとりわけ重要であろうと思われる（野崎 2003: 65-67; Young 1997: 162）。

これに関連して先のキムリッカは、フェミニストの多くが、私的領域である家族に国家は介入すべきでないというリベラリズムの捉え方を批判するが、「非家庭／家庭」の区別という意味での公私二元論は、本来のリベラルな公私区分とは位相の異なるものであるという。すなわち公私区分には二つの位相があり、第一に、前述のロックに由来する政治（＝国家）と社会との区別という位相、第二に、ロマン主義に影響を受けたリベラルに発する、社会と個人的なものの区別という位相である（Kymlicka 1990: 250）。

ここで第二の位相とは、個人的なもの、および親密なものを公（社会を含む）から切り離す、一九世紀初めのロマン主義に由来する公私区分であり、もともと反リベラルとして発したものであった。つまり前述のように、リベラリズムにおいて「社会」は〝自由の領域〟であるが、ロマン主義者は、個人性に抑圧を加えるものとして、政治的圧力（political coercion）のみならず、社会が順応をせまる圧力（social conformity）からも個人的なものや親密性を護ろうとした。リベラルはこうした考え方を受容し、現代のリベラリズムは社会生活の領域を護るのみならず、〝私的領域内〟において、個人がプライバシーを保ちうる領域を切り拓くことにも関わるものとなった（ibid.: 257-258）。このように、本来リベラルな公私区分とは、「非家庭／家庭」の区分とは異なる、いわば「政治（国家）／社会／個人・親密性」という位相を併せもつものであるとキムリッカは捉えている。

こうした、リベラリズムの公私区分における後者の位相は、一九六〇年代半ば頃から「プライバシー権（the right to privacy）」という法的議論に付されるようになり、前者の位相と同様、フェミニズム批評の的となる（ibid.: 258-259）。つまり、たとえば米国において初めてプライバシーの権利を憲法上の権利と認めた判決は一九六五年で、既婚女性の避妊具利用の禁止がプライバシー権に反するものと判示されたが、[5]ここで〈家族〉ないし〈夫婦〉をプライバシーの単位とすることは、たとえば家庭内暴力（DV）に対する公的な仲裁といった女性の権利を守るための方策から、家族を免れさせることになるというフェミニストの批判をうけてきた。[6]しかしキムリッカは、プライバシーが個人ではなくユニットとしての家族に妥当することになったのは、前リベラル的な、伝統的家族を自然で神聖なものとする教義（family autonomy doctrine）の残滓であるとしている（ibid.: 260-261）。

このことは、家族を公私区分の境界におくのを放棄することが、リベラルな公私区分それ自体を放棄することと同義ではないことを示唆するものであろう。つまり、キムリッカにしたがえば、プライバシーがユニットとしての家族に妥当するという考え方は、現代リベラリズムの正しい帰結ではなく、またプライバシー権の保障から論理必然的に導き出されるものではない。

前述のように、統一体ないしユニットとしての家族は従来、国家権力の介入に対する防壁機能をもつものと捉えられてきた。だが、こうした防壁機能は、家族単位ではなく個人単位のプライバシー擁護によって保たれるべきものと思われる。なぜなら、フェミニズムがつとに指摘したように、家族単位のプライバシーは、その内部における男女の不平等を不可視なものとし、それを温存する危険性をはらんでいるからである。

つまり、「家族の自律性」の強調は、統一体としての家族を国家の直接的抑圧から守る防壁としての役割を果たす反面、家族成員のなかの弱者が強者によって支配されることを国家が放置するという機能を果たす場合がある（米沢 1992: 275）。とりわけ今日深刻化するドメスティック・バイオレンスや児童虐待などから個人を守るためには、プライバシーは「個人の権利」であるとする個人化の方向を採り、国家の不当な介入に対しては「正義」による強い制限を設けることが望ましいと考える。

すなわち、野崎綾子も指摘するとおり、国家は公共性つまり正義の要請に拠ってのみ国家権力を発動しうるという原則によって、その不当な介入を厳に防ぐ一方、たとえば家族成員の権利に対する著しい侵害があった場合には、正義の要請に基づいた介入が可能であるような方向が要請されよう（野崎 2003: 72）。

少なくとも、家族の構成や家族成員の権利義務関係等は、民法などの法律によって定められている。家族が法によって構成されるものであるかぎり、家族の形成や維持が全くの〝自然〟によっておこなわれることや、それに国家が全く関与しないことは観念しえないといえよう。つまり、法が家族に関する権利義務を定めることによって、法の下に特定された範囲内での行動を許容する権原（entitlement）がつくり出されるのであり、この意味において、国家が「不関与」であることはありえない（野崎 2003: 114; Olsen 1985: 837; Sunstain 1993: 2-6）。しかしこのことは、私的行為に対する国家の「不介入」の原則を無効とするものではない（Gavison 1992: 16）。国家権力（ないし公権力）のアクセスを免れる領域を個人に保障するという意味での不介入は、なお第一義的に追求されるべきものである。すなわち、不関与と不介入とは区別されなければならない。

ルース・ガヴィソンにしたがって「不介入」を、国家が原則として行為の実質的な道徳性（substantive morality）を精査しないことと定義すれば（ibid.: 37）、国家の不介入は成り立ちうる。個人の権利が著しく侵害されるケース（たとえば先に挙げたドメスティック・バイオレンスや児童虐待など）が、この原則の例外となろう。このように、前段に述べた権原との関わりで、国家の不関与は成立不可能であるが、不介入は成立可能なのである。

そして、個人のプライバシーを保障する領域を残すということは、「個人的なものの領域」を個人的なままにとどめておく、つまり公私の区分を〝維持〟し、「個人的なものは個人的である」領域を確保することである（野崎 2003; 吉澤 1997）。ガヴィソンは、「個人的」な問題が社会構造に起因する部分をもつという認識が重要である一方、「個人的なことは政治的である」ことから、すべての事柄が公的な精査、議論、および説明責任（accountability）を免れないと結論づけることについては疑問を呈している（Gavison 1992: 20）。このことは、すべての事柄に国家権力を招き入れ、個人の自由や自律を侵す危険性をはらんでいる。

「個人の同意」を伴わずに他者が介入できない領域は残されるべきであり、この意味で、公私の区分は維持される必要がある。「非家庭／家庭」という意味での公私区分に対するフェミニストの批判はまさに正当であっても、公私区分そのものは放棄されるべきではないと考える。すなわち、統一体としての〈家族〉単位ではなく、〈個人〉単位のプライバシーを保障することによって、公私区分が保たれるべきであろう。

たとえば、他者との親密な関係の構築に関する個人の考え方を尊重するには、諸個人の私的決定に委ねる領域の確保が不可欠であり、そのためにプライバシー保障の観念が重要となる。というのも、そうした領域の確保が、個々人を多様な善（good）の特殊構想を追求する道徳的な存在として尊重することに結びつくと考えるからである。すなわち、公私区分を維持する究極的な理由は、第4節で詳しく述べるように、個々人を〝多様な善の特殊構想〟を追求する存在として、ひとしく尊重することにあるといえよう。

だが、こうした個人化の方向をとる場合、国家権力から個人を護る防壁ないし国家権力に対抗する拠点としての家族が崩壊し、個人が直接・無媒介に国家権力と対決することの困難を招くのではないかという批判を導きやすい。しかし、個人権をベースとする個人化の方向をとったうえで、たとえば家族を個人の自発的な結社に近づけて捉え、上述の「防壁機能」を果たさせようとするアプローチが、「親密な人的結合の自由」[7]から導かれうるであろう。「親密な人的結合（intimate association）」とは、個人が他者と取り結ぶ密接な個人的関係で、婚姻ないし家族の関係に匹敵するものと捉えられるが、この立場は、従来公的領域に位置づけられてきた「市民的結社」の理解を拡大していく理論的方向性をもつ。つまり、こうした結合の自由を擁護することで、同性婚や、性愛に基づかない家族類似の結合を構える権利に憲法上の保護を与え、家族の多元性を擁護しようとするものである。

家族関係に関する一定の「公序」（法律婚主義を基調とした家族制度の秩序）として想定される家族像を、異性愛の夫婦とその生物学的な子という近代家族のあり方に限定されたものと捉えるとすれば、家族の多元性は過度に損なわれることになろう。たとえば森村進は、国家が一夫一婦制だけを法的な婚姻の形態として認め、その他の同性婚などいかなる婚姻形態も法的に認めないことは、多様なライフスタイルに対して明確に偏頗《へんぱ》な立場であり、リバタリアン的な中立性とは相容れないと述べている（森村 2001: 160–161）。また、二宮周平は、事実婚や同性カップルは自らの生き方ないしライフスタイルとして主体的に選択された、自己の人格と深く結びついたものであり、こうした選択は憲法一三条下に保障される「自己決定権」の行使として保障されるべきものとする。したがって、「少なくともさまざまな法的保護が個人単位でなされていない現状では、事実婚や同性カップルを一つの家族として認め、法的保護の上で差別を設けない中立的保護が必要」であるとして、法律上の家族と事実上の家族を差別しないことを主張している（二宮 1990: 285）。

すなわち、とりわけ個人単位の法的保護が十分に確保されていないわが国の現状の下では、特定の形態の家族のみを法的に保護する不平等性を回避するために、法律上の家族と事実上の家族間で、取り扱いの差別を容認すべきではないと考える。憲法二四条は、家族生活における「個人の尊厳と両性の本質的平等」を家族法の理念として明確に示している。たとえば〝血縁を超えた家族〟の選択をも含めて、個人の生き方に関する選択の自由を縛らず、夫婦ないしカップルの対等な関係、および子どもの人権を十全に保障する家族法のあり方が望まれよう。

4　家族内における正義の検討
――性別役割分業の解消に向けて

では、家族内の性別役割分業を解体する、正義に適う無償労働の分配とはいかなるものであり、またいかにして可能なのだろうか。もしも家族内（従来の私的領域）における性別役割分業が女性の抑圧の主要な原因であるとすれば、ジェンダーの平等を実現するためには、家事・ケアワークといった無償労働を「正義の原理」とレレヴァントなものとして、それに基づいて分配しなければならない。正義に基づく無償労働の分配を考察するにあたっては、これまでの議論から、とりわけ個人のプライバシー権との関わりで、性別役割分業解消のためにいかなる公的な関与までが許容されるのかが重要な問題となってくる。

一家の生計を維持する夫の賃金（＝家族賃金）によって妻子が扶養されるという従来の前提のもとでは、女性は家族内において配偶者への経済的依存を伴う〝依存的交換関係〟に配置されてきたと捉えることができよう。そして、先のタロックによれば、この〝依存的交換〟において女性にあてがわれる子育てや介護といったケアワーク（＝情緒的な財）は、賃金（＝物質的な財）と比べて〝撤退〟が困難であり、したがって家族内での交換関係における交渉の手段として、女性がケアワークからの撤退という脅威を使用できる程度には限りがある。つまり女性は、性別役割分業によって、子ども、高齢者、病人といった防衛力のない者たちに対するケアワークという「情緒的な財」をあてがわれることで、この交換関係において不利な立場に配置される結果となる（Tulloch 1984）(8)。

ここで、女性がそのジェンダー上、賃労働よりも弱者の保護を優先すべきであるという規範的な〝優先順位〟を賦課されることによってケアの与え手となり、男女の経済力に格差が広がれば、その格差は夫と妻の地位に反映され、ひいては社会全体における女性の地位にも波及してこよう。雇用、教育、政治など広範な社会の諸領域における男女平等の実現は、まさに家族内での男女平等の実現と密接に関連していることが、フェミニズムによって鋭く指摘されてきたのであった。ゆえにそこでは、女性がおもに家庭責任を負う性別役割分業のあり方によって女性の就労継続が妨げられ、女性が不利な社会的地位に配置されるという循環的プロセスを断つ方途を探ることが、フェミニズム正義論の重要な課題として要請されてくる。

ナンシー・フレイザーによれば、「ジェンダーの衡平（gender equity）」は、①反貧困原則、②

反搾取原則（搾取につながる夫や上司への依存を防ぐ）、③収入の平等原則、④余暇時間の平等原則、⑤尊敬の平等原則、⑥反周縁化原則（社会生活の全領域における男女平等参画を促進する）、⑦反男性主義原則（男性の現行生活パターンを人間の規範とすることを否認する）、という七つの規範的原理の複合物である（Fraser 1997: 45–49）。彼女は、男性の稼ぎ手に妻子を養いうる「家族賃金（family wage）」を与えるという従来の前提が経験的にも規範的にも保持し難くなった今日、オルタナティヴとしての福祉国家のあり方とは、ジェンダーの衡平の理念に照らしていかにあるべきかという問いを発し、これに対する二分化されたフェミニスト的な回答を措定して検討している。すなわち、「普遍的稼ぎ手モデル（universal breadwinner model）」と「ケア提供者等価モデル（caregiver parity model）」であるが、前者は児童・高齢者ケアの国家による提供や、職場の性差別禁止などによって女性のフルタイム就労を促進するモデル、後者はインフォーマルなケアワークに対して国家が有償労働にみあった手当を支払うことによって支援するモデルである。

フレイザーは、ジェンダーの衡平の理念を「平等」（男女を全く同様に扱う）か「差異」（男女を異なる限りにおいて異なって扱う）かの二者択一に結びつけることを否認しつつ、上記の諸原則に鑑みて二つのモデルを次のように評価する（ibid.: 51–59）。すなわち、第一のモデルは、女性が現在おこなっている全ての家事・ケアワークを市場ないし国家に移転しうることを想定しているが、この前提は非現実的であり、たとえば家族の緊急事態への対応や、諸々の無償労働を調整する務めは、最終的に移転不可能なものである。したがって、この務めを男性にも公平に負担させることが肝要であるが、このモデルは、それを可能ならしめるように無償労働の価値を高めるインセンティヴを何も与えない点が問題である。つまり④および⑦の原則を満たさないため、不十分である。

また第二のモデルは、無償労働への報酬によりその価値を幾分高めるかもしれないが、女性とインフォーマルなケアワークとの結びつきや、性別役割分業そのものを解消しない。したがって女性の働き方は、フレキシブルで非継続的な低賃金労働や、パートタイムの労働を選択する従来のあり方から変わらないことになる。つまり③および⑥の原則を満たさないため、不十分である。

フレイザーの評価によれば、いずれのモデルも、ジェンダーの衡平に照らして不十分な諸点があり、女性の政治や市民社会への十全な参画を促進しない。とりわけ女性に結びつけられる実践(female-associated practice)に対して、男性にも遂行させるに足る価値づけをおこなわない点、つまり男性が変わることを要求していない点を問題視しつつ、彼女は、第三の可能性として「普遍的ケア提供者モデル(universal caregiver model)」を提唱する(ibid.: 60-61)。これは、男性を女性(=主要なケアワーカー)に近づけるというモデルであり、女性の現行のライフ・パターンを、万人にとっての規範とするものである。このモデルを採ることは、現存する「稼ぎ手／ケア提供者」という性別役割分業を分解し、社会秩序の構成原理としてのジェンダーによるコード化を除去することを意味している。

前述のように、オーキンは、家族内における無償労働分配の男女間での不均衡が、公的領域にも波及して女性の不利益な地位に結びつき、それが再び私的領域での男女関係に影響を及ぼすという悪循環構造を指摘した（Okin 1989）。つまり、家事・ケアワークの負担によって、女性は競合性や一貫性に乏しい労働者として相対的に労働市場へのアクセスを制限され、結果として夫や国家への経済的依存（ないしはファインマンやキッテイらのいう二次的／派生的依存）を余儀なくされてきたといえる。こうした男女の権力関係の格差を生じさせる非対称構造に鑑みれば、現行の性別役割分業の構造それ自体に何ら変化を生じさせない「ケア提供者等価モデル」は、ジェンダーの平等の実現にとってきわめて不十分である。一方「普遍的稼ぎ手モデル」は、具体的には育児施設や地域のデイ・ケアセンターの整備拡充、家事の外部経済化などに集約され、すでに多くの議論が重ねられてきた。それらの解決は、国家による福祉への社会的関与を強化し拡大する方向で進められるべきものである。しかしこのモデルは、女性の有償労働への参加を促す点では比較的に優れているが、無償労働を完全に市場・国家に移転することは現実的に不可能であり、移転不可能な無償労働を、女性が雇用労働に加えて負担する（有償労働と無償労働との二重負担を負う）非対称の構造には変化をもたらさないことになる。このことは、近年顕在化してきている「男は仕事／女は仕事と家事」という「新・性別役割分業」とよばれる状況につながる危険性をはらんでいる。この非対称構造を変えるためには、女性が片務的に担ってきた無償労働を、男性もひとしく分担していくことが肝要である。

「等しきものは等しく、不等なるものは不等に取扱うべし」という正義の理念は、ある属性を有する者と有しない者とを異なって取扱う場合に、その異なる取扱いの正当化を要請する。男女の性差に関するここでの問題は、実体としての性差そのものではなく、いかなる差異を重要と認め、社会制度などにおける異なった取扱いをどこまで正当化できるかにある。社会制度上の問題と存在論的なそれとは、区別されなければならない。これまで、性差を認める議論の多くは、社会制度との関わりにおいて根拠のない女性の差別や排除を正当化するために援用されてきた。つまり男女の差異は、真に科学的な根拠のある生物学的性差に加えて、典型化された性別イメージによる特性や、性別による役割分業など、社会的・文化的にジェンダーとして賦与されてきたものにまで拡大され、これらが男女を異なって取扱うことの根拠とされがちであった。この不当な影響力を取り除き、男女の平等を達成するためには、これまで「性差」とされてきたものについて、それらが十分な科学的根拠を伴った生物学的なものであるのか、あるいは典型化された男女別の特性として社会的・文化的に形成されたものにすぎないのかを厳密に検討し、峻別していくことが肝要であろう。

ジェンダー概念の重要な貢献の一つは、社会的・文化的につくられたジェンダーが男女の不平等をもたらすならば、それぞれのジェンダーに期待される行為・行動ないし役割分担（gender role）の変更、典型化した男女のイメージ（gender stereotype）の問い直し、機会や資源の不均衡な配分（gender gap）の是正など社会のあり方を変えることによって、不平等を解消することが可能であるという視点を、明確にもたらしたことにある。

そして、ジェンダーが社会的に構築されるものであるならば、女性に片務的に特化されてきた無償労働を男女がひとしく担うことによって、女性の不利益を減ずることが、社会全体のレベルにおいて正義に適う無償労働の分担であるといえよう。すなわち、フレイザーの提示する第三のモデル（＝普遍的ケア提供者モデル）が、フェミニズムの正義に適うモデルであり、このモデルに照らして社会制度の仕組みを整えていくヴィジョンが必要であると考える。同モデルは、「普遍的稼ぎ手モデル」とは異なって、ケアワークの分担を社会（市場）や国家のみならず、家庭という私的領域も含めた三者に適切なバランスで担わせる契機を与える点でも優れているといえよう。

これに関連して、たとえば北欧諸国では、「パパ・クォータ制」（ノルウェーで一九九三年に初めて導入された、父親への育児休暇割当制度）の実施により、父親による育児休暇の取得が進んでいる[9]。またＥＵ（欧州連合）全体でもとくに一九九〇年代以降、子育てや介護といったケア役割を担ういわば「ケアラーとしての男性」の意義が注目され、職場のみならず家庭生活に関しても、性別役割分業によらない、男女に平等な政策が進められていることを特筆しておきたい（岩上 2003: 150–152; 矢澤監修 1997: 179）。

5 「多様な善の特殊構想」から導かれるもの

さて前節では、社会全体のレベルで追求すべき正義に適うモデルが、有償・無償労働の男女均等な分担であることが示唆された。しかし、個別的な家族のレベルにおける、正義に適う無償労働分担のあり方をめぐっては、また角度の異なる視座が必要と思われる。なぜなら、先述のように、公私区分の境界線を諸個人のプライバシーや「親密な人的結合の自由」におくことは、そのような個人権によって築かれる私的領域に対して、国家が原則として精査・干渉などの介入を為さないことを要請するからだ。こうした国家の私的領域への不介入の原則は、性別役割分業の解消という他方の要請と、どのように関係するのだろうか。ここでは、性別役割分業解消のために、私的領域に対する国家の関与がどの程度容認されるのか、またいかなる理由で正当化されるのかが問題となる。

すでに述べたとおり、公私の区分を維持する究極的な理由は、個人の私的決定に委ねる領域を確保し、諸個人を〝多様な善の特殊構想〟を追求する道徳的存在として均しく尊重することにあった。一九八〇年代半ば頃から顕著となった「多様なフェミニズム」論が示したように、女性が「女性である」ことそれ自体によって、同じ善の特殊構想をもつということはありえない。そのことを明らかに示したのは、〝白人中産階級中心〟のいわゆる主流フェミニズムに宿る均質主義的・普遍主義的・白人主義的な前提に対する、黒人をはじめとするマイノリティの人びとから提示された批判であった[10]。すなわち、主流フェミニストは、第一義的な問題は男性による女性支配であり、家父長制を解体することが「全て」の女性の解放を意味すると考えた。そこでは単一の被抑圧者である女性の連帯としての〝シスターフッド〟が強調される一方、女性間の人種や階級等による差異〈difference〉は認識されず、マイノリティの女性は当然〈女性〉のカテゴリーに包摂されるものと捉えられた。

つまり従来の主流フェミニズムは、すべての女性が被る差別や抑圧が均質であることを暗黙の前提とし、西洋の社会的・文化的脈絡における、それも白人で中産階級で異性愛女性の抑圧形態を〝普遍的〟なものと捉えてきた。その根底には、そうした女性のあり方を「女性」の規準と定める西洋中心主義《ユーロセントリズム》が流れており、そこに内包された人種差別主義・特権階級意識・異性愛至上主義は、結果として、黒人／有色人女性、第三世界の女性、あるいは非異性愛の女性たちを他者化・周縁化してきたといえよう。

だが女性の「抑圧」は、人種や階級等の相違によって一様のものではありえない。たとえば黒人女性は、ときとして性差別以上に人種差別を強く感じる場合があり、また中産階級の妻にとって家庭外の仕事は自立や自己実現に通じるものであっても、労働者階級の妻にとって、それは日々の生活を維持するための辛い労働でしかないかもしれない。白人フェミニストは専ら家父長制のみを強調しがちであるが、マイノリティの女性たちにとって、「抑圧」とは性・ジェンダーの抑圧のみではないかもしれない。〈女性〉という名の下での「疎外」や、すべての女性の利益や目的は共通であるとする主流フェミニストの暗黙の前提は、いわば西洋中心主義の産物であり、人種的／民族的あるいは階級的に特定な脈絡を認識していない――。こうした批判に呼応して、フェミニズム全体のなかで、主流フェミニズムにおける白人性・中産階級性・異性愛指向性と、それらに合致しない女性集団の周縁化に対する見直しが唱えられ、女性の〝内なる差異〟すなわち女性間の人種、民族、階級、性的指向、さらには年齢、身体的障碍といった諸要因による「差異」と「多様性」が重要視されるようになる。

一方、それに続く頃、ジュディス・バトラーは性に関する社会構築主義の立場を徹底し、〈女性〉に本質的なジェンダー・アイデンティティは存在しないとするジェンダーの〝反本質主義〟を標榜する新たな議論を深めてきた。バトラーの『ジェンダー・トラブル』(Butler 1990) は、セクシュアリティ研究の転回点を画するものとして位置づけられている。彼女によれば、性やジェンダーのアイデンティティは、生得の内的本質ではなく、言語によって反復されるパフォーマンスによって、パフォーマティヴ(行為遂行的)に生産されるものにすぎない。すなわち、「ジェンダーの実体的効果は、ジェンダーの首尾一貫性を求める規制的な実践によってパフォーマティヴに生み出され、強要されるもの」であり、ジェンダー表出の背後にジェンダー・アイデンティティが存在するのではなく、「アイデンティティは、その結果だと考えられる『表出』によって、まさにパフォーマティヴに構築される」ものである (Butler 1990=1999: 58-59)。つまりバトラーにしたがえば、アイデンティティは、通常その結果と見なされるところの(たとえばジェンダーにまつわる)〈表象〉の引用とともに反復される言説によって、パフォーマティヴに構成される。にもかかわらず、そうした言説反復の惰性化とともに、アイデンティティはあたかも言説以前の、ないしは言説を超えた普遍的本質であるかのように自然化されて「正常な規範」と化していく。

こうしたジェンダー理論は、従来のアイデンティティを基盤とする政治運動に対する懐疑を表明するものであり、それに対抗する契機を与える点で重要である。野崎によれば、反本質主義は、一定の「正常な規範」を変移させていく言説戦略によって、この規範によって負荷されるいわば「社会的アイデンティティ」を離脱し、政治の領域における「政治的アイデンティティ」を新たに再構成するという戦略に結びつく。すなわち、社会的アイデンティティが他から負荷されたものであれ、それに解釈作用を加えることによって政治的アイデンティティとして組み直し、政治の領域における有効な言説的資源に転換しうるのである（野崎 2003: 84-85）。つまりここでは、アイデンティティを可変のもの、つねに流動的なものと捉えることこそが肝要であろう。ちなみに、ボニー・ホーニッグによれば、たとえばハンナ・アレントも、自己の唯一存在者としてのアイデンティティは、政治の場でパフォーマティヴに構築されるものであり、ジェンダー、人種、エスニシティやナショナリティといった共有されたアイデンティティの単なる表出を政治と捉えることに反対する（Honing 1995: 149）。

いわゆる本質主義の問題点は、ある社会的アイデンティティからは、ある一義的な政治的アイデンティティが導出されると見なすところにある。これに対して、社会的アイデンティティと政治的アイデンティティとのつながりが、解釈と再定義の「多義性」に開かれていることが、まさに重要なのであるといえよう。そして、社会的アイデンティティが、解釈と再定義の「多義性」に開かれているという意味において、〈女性〉（ないしは〈男性〉）に本質的なアイデンティティは存在しないと捉えられる（野崎 2003: 85；齋藤 2003: 167）。

すなわち、女性にとって本質的ないし普遍的なアイデンティティは存在しない。とすれば、その個々人が、多様な善の特殊構想をもつ存在であると見なすことができる。つまり、同じ女性でも人種・エスニシティや社会階層などの異なるアイデンティティや、フルタイムの有職女性と専業主婦といった異なる立場で〝善の特殊構想〟が多様なものとなり、さらには善の構想が対立する可能性もある。フェミニズムにおける女性の〝内なる差異〟の重視は、「女性であること」それ自体から必然的に導かれる〝共通善〟なるものは存在しないことを示唆するものであった。したがって、〈正〉と〈善〉とを峻別し、政治権力の発動を正当化する公共的理由は正義に基づく理由のみであると限定する、リベラリズムにおける「正義の基底性」(井上 1999：98, 143-144) の理念が、こうした女性の内なる差異と多様性を尊重することに繋がるものと思われる。

このように、女性に本質的なアイデンティティは存在しないが、〝負荷された〟「女というカテゴリー」に諸個人が解釈をほどこすことによって、それを新たなアイデンティティとして組みかえ、自己の〝善の特殊構想〟を形成するという多義性に開かれた方向性は、井上達夫による「解釈的自律性」(同書：159) と重なり合うものである。それは、井上自身がコミュニタリアニズムの議論から摂取したものと認める、「自己解釈的存在」というあり方 — 対話や熟慮によって共在感を深め、一切の価値の根拠を自己の選択に求める「負荷なき自己」(Sundel 1982) を乗り越えようとする — によって導かれるものである。ここにおいて、解釈し直された社会的アイデンティティに基づいて、自己の生を構築することを、個人の「自律」と規定することができよう(野崎 2003：84)。

先の女性というカテゴリー内における善の構想の多様性と対立の可能性に鑑みれば、特定の善の構想に基づいて政治権力を発動することは、この解釈的自律性を損なうことになる(同書：86)。政治権力の発動において拠ることのできる公共的理由は、正義に基づく理由であり（＝正義の政治的公共性）、正義原則は、いかなる善き生の構想からも独立に正当化されることが可能でなくてはならない（＝正義の独立性）。また正義原則は、あらゆる善の特殊構想を制約する（＝正義の制約性）（井上 1999: 98, 143-144）。こうした正義と善との区別が「正義の基底性」の内実であるが、この理念からは、私的領域への政治権力の介入は、正義に基づく理由によって正当化されうる場合にのみ、容認されることになる（野崎 2003: 86）。

野崎も指摘するように、これまでフェミニズムには総じて、こうした〈正〉と〈善〉とを峻別する視座が欠けていたと思われる。とりわけ本質主義的フェミニズムは、「女性であること」から導かれる「共通善」を特定し、それを一義的な政治的アイデンティティとして固定化しがちであった（同書：86）。このことは、主流フェミニズムが内包する白人中産階級中心主義に対する先の批判とも重なり合うものといえる。

6 「個人の自律」と性別役割分業の解消をめぐって

では、先の「正義の基底性」に基づく、私的領域への公権力不介入の原則は、性別役割分業のあり方に対してはどのように作用するのだろうか。これまでの議論によれば、社会全体のレベルで追求すべき正義に適うモデルが有償・無償労働の男女均等な分担であるとしても、個別的な家族のレベルにおいて無償労働をいかに分担するかは、諸個人の善の特殊構想と不可分に結びついているものである。先述のとおり、諸個人が自らの〝善の特殊構想〟に応じてその生を構築するという自律の理念を尊重するゆえに、正と善とを峻別し、私的領域に対する国家の強制力は「正」に基づいてしか発動しえないとするのが、「正義の基底性」の信条であった。したがって、自己の有するさまざまな能力――労働力を含む――のうち、どの能力を発展させるかは、個人の自由な選択に委ねられていることが、この理念の根本基盤に据えられなければならない。

ところで、こうしたリベラルな「自律の尊重」からしばしば導かれるのは、無償労働分担をめぐる個別の家族への国家の直接的介入に対する否認である。これに関連して、たとえばヌスバウムは、〈家族〉の問題がロールズ理論の直面しているもっとも困難な課題の一つであることを指摘している。なぜなら、家族は人びとが自らの「善き生」の構想を生き、また次世代に伝える主要な場であるゆえに、そこでの自由度がいかに最大限に確保されるかが問題となるからである(Nussbaum 2003: 499–500)。

ロールズにとって〈家族〉は、社会およびその文化の、ある世代から次世代への秩序ある生産・再生産の基礎となるものであり、社会の「基本構造(basic structure)」の一部分(傍点は有賀)である。しかし彼によれば、政治的正義の原理は、基本構造には直接適用されるが、それを構成する多くの「アソシエーション」(家族もこれに含まれる)の内的生活には直接適用されない。それらを内側から規制する原理としては、それぞれのアソシエーションにふさわしい原理が選ばれるべきである（Rawls 1999: 157–158）。こうしてロールズは、正義の原理は家族の内的生活には直接妥当せず、家族成員に対する均等な分業の強制は容認できないものと捉えるが、それは「自律の尊重」の理念から導かれる、信教の自由等を含む〈基本的自由〉の尊重に拠るものである。[11] すなわち、ここでの「正義の原理」は、第一義的に家族成員の基本的権利と基本的自由を保障するものであるといえよう。

ロールズによれば、リベラルな正義の観念は、家族内の伝統的な性別役割分業（たとえば宗教に基づく分業）を容認する場合もありうるが、但しそれが完全に自発的なもので、決して不正義に由来するものや、不正義に結びつくものではないことを条件とする（ibid.: 161）。また彼によると、性別役割分業の最小化は、残存する分業が自発的なものとなるような社会条件の達成を意味するものである。だが彼は、この社会条件の達成のために、家族内の労働分担の平等化ないしそれに対する補償が必要であるにせよ、特定の歴史的条件におけるその最良のあり方は政治哲学の決すべきものではないとし、具体的方策として、子育てに係わる妻の仕事について、夫の収入に対する半分の権利を認めること、および離婚に際して、婚姻期間中に増加した家族の資産価値の半分に対する妻の権利を認めることを挙げるにとどめている（ibid.: 162–163）。

しかしロールズのいう、性別役割分業の解消による、残存する分業の自発性を確保しうるような社会条件の達成という目標は、『正義論』（Rawls 1971）の刊行からまさに四〇年が経過した今もなお、遠大なものである。性別役割分業が女性に及ぼす不利益を除去するまでに現行のジェンダー構造を変えるには、家族成員の基本的自由の保障にとどまらず、よりポジティヴに女性のフルタイム就労を促し、男性も均しく無償労働を分担することを促すような政治的正義原理の適用が必要であろう。たとえばオーキンは、ロールズの正義の二原理（「基本的自由」のほか、最も恵まれない者の最大利益化を図る「格差原理」と「機会均等の原理」を含む）を家族関係内部にも適用することを主張し、伝統的な〝統一体としての家族〟単位のプライバシーの擁護に対峙している[12]。つまり、ロールズのいう「アソシエーション」の内部にまで、正義適用の射程を拡張することが望まれよう。

ロールズが例示する、女性が伝統的におこなってきた無償労働に一定の補償を与えるといった施策だけでは、分業それ自体の肯定につながり、分業の自発性を確保するのに十分ではない。このことは、すでに第3節でフレイザーによる「ケア提供者等価モデル」に見たとおりである。女性が就労するに際して、家事・ケアワークの不均等な負担による障碍がある限り、真に自発的な分業は成り立ちえないであろう。上述の社会条件を達成するには、男性の無償労働分担はもとより、女性が就労することへの障碍を除去するような施策（家事・ケアワークの社会化など）が不可欠であると思われる。

先に見たように、ロールズにとって〈家族〉は正義の諸原理が「間接的に」適用される「非公共的」な領誠に属するものである。つまり前述のとおり、政治的正義の対象は「社会の基本構造」（主要な社会制度が統一された体系としてまとめられたもの）にあるという。しかし金野美奈子によれば、ロールズの議論において〈家族〉という領域はこの基本構造の一部として政治的正義の原理による「外的規制」を受けるのであるが、この外的規制とは「市民としての平等な政治的権利や自由」に抵触する事態が生じたときには（傍点は有賀）、公権力による規制の対象になるということを意味している（金野 2006: 7）。

すなわち、個人的な生活における労働と家庭責任の分配の仕方は、自らの「善の特殊構想」にしたがって、個々人自身でつくり出すべきものであるにせよ、オーキンの指摘によれば、その影響の広汎さゆえに、それは明らかに正義の諸原理が適用されるべき事柄の範疇に含まれる。つまり政治・道徳哲学の言語でいうと、それは〈善〉と〈正〉の両領域に属するものである（Okin 1989: 171）。したがってここでは、いかに〝個人の自律〟の要請と〝性別役割分業解消〟の要請とのバランスをとるかが、重要な課題となる。「正義の基底性」の理念からは、この問題に関わる公私区分の境界線も、正義の要請を通じて問い返され修正される可能性を内包した、流動的なものと捉えられるべきと思われる。

まず、性別役割分業の解消を、国家の直接的介入（たとえば家事・ケアワークを均等に分担しない家族成員への法的制裁など）によって図ろうとする場合、諸個人の善の特殊構想に対する介入の程度は過剰なものとなり、個人の自律を侵害する度合いとして容認されないものとなろう。他方、個人の自律を強調し、国家の関与をいっさい認めないならば、現行の性別役割分業は何も改善されないことになる。これらに鑑みて、前節で述べた「普遍的ケア提供者モデル」にそった有償・無償労働の男女均等な分担に〝誘導〟するような間接的な諸政策が、正義に適う方策として示唆されよう。

たとえば、共働き家庭にインセンティヴを与えるような税制上の立案・措置や、先の「普遍的稼ぎ手モデル」下での方策とも共通した、女性の就労を促進するような家事・ケアワークの社会化、労働時間の短縮を含む勤務条件の整備、あるいはポジティブ・アクション（積極的改善措置）等の施策が導き出される。

すなわちこのアプローチは、性別役割分業それ自体を分解して、それぞれの役割を「責務」化するというものである。つまり家事・ケアワークという〈家庭責任〉、および世帯所得の獲得という〈生計維持責任〉は、いずれも責務と見なされる。ここでは、女性も男性も、従来あてがわれてきた性役割にかかわりなく、生産と再生産の諸局面に貢献するよう均等に義務を負わされているのである。このアプローチの利点は、責務（obligation）というファクターの導入にある。「機会」は必ずしも果たされなくてもよいが、「責務」は必ず果たされなければならず、また責務は、それにみあうだけの機会（もしくは手段）があるということを想定させる。したがってこのモデルの下では、男女均等な家事・ケアワーク分担を可能ならしめる男女両性の育児・介護休業取得の義務化や、フレックス労働時間制・パートタイム労働・職業再訓練機会等の拡充といった制度的条件の整備、ひいては企業文化の変革等が必要となる（有賀 2000 : 94）。

こうして、世帯所得獲得に対して女性が男性と均等な責任を分担するのと同様に、男性がケアワークに対して女性と均等な責任を担わなければならないという提言が導かれる。「普遍的ケア提供者モデル」の適用は、他の二モデル（「普遍的稼ぎ手モデル」「ケア提供者等価モデル」）に比して、女性の経済的依存性をより根本的に減ずる可能性が高い。この選択肢の適用は、ケアワークに対する男性の関与の増大や、賃労働における男女の所得格差の縮減、および社会的に有効な福祉事業の拡大を推し進めるであろう。そして、ここにおいて肝要なのは、男性が一般に順位づける優先項目の再考を促すことであり、その賃労働への執着をゆるめることであり、またその家庭内福祉（ないしケアワーク）への関与を強めることである。

では次に、個別的な家族のレベルにおける正義に適う無償労働の分配にあたって、先述の自律の理念を尊重するならば、無償労働をおこなう義務は、原則的に自らの意思に基づく自発的（voluntary）なものに基礎をおくのが妥当と思われる。したがって、家族内における無償労働の分担に際しては、基本的に家族成員間の自発的な「契約」という概念の導入が有効であろうことが想定される。ただし、そこで諸個人の善の構想に応じて尊重される〝契約の自由〟は、あくまで先の「正義の基底性」（井上 1999: 98, 143-144）の制約を伴わなければならない。その制約とは、いかなるものであるべきなのだろうか。また、個人単位のプライバシーないし個人権を基本とする「親密な人的結合の自由」を公私区分の境界線として再設定するならば、いったん個人単位に解体された家族から、〈家族〉という結合をいかに再構築するかが次の問題となる。そこでは、家族成員間の「契約」による無償労働の分配や、その基礎となる家族関係の法的把握に関する「契約を基礎とするアプローチ」が、家族成員の負う権利・義務を明確化するという意味で、女性の不利益を減ずるポジティヴな機能を果たす可能性をもつものと思われる。これらの論点について、次章で考察を進めることにしたい。

注

(1) 前章でも触れたように、フェミニズムには「第一波フェミニズム」と「第二波フェミニズム」とがある。両者を画する最も明らかな相違点は、第一に〈近代社会〉に対する評価、第二に女性抑圧の根源となる〈領域(sphere)〉に関する見地であるといえる。第一波フェミニズムは、一九世紀半ば頃に始まり二〇世紀前半頃まで続いた、女性参政権獲得運動を中心に展開されたものである。それは近代人権思想とともに生まれ、あらゆる人間の自由と平等を説く近代社会の理念に基づいて、「男性と平等の市民権」を要求した。近代化を善きものとし、公的領域(政治・経済)の制度における男女平等な参加の確立こそが女性解放への道筋であると捉える。これに対して第二波フェミニズムは、一九六〇年代後半に始まる、現代思想としてのフェミニズムをさす。そこでは、近代社会それ自体ないし私的領域(家族生活)の制度のなかに女性抑圧の根源がもとめられる。なお詳しくは、有賀(2000)第一章を参照されたい。

(2) 第二波フェミニズム成立までのいわば「前史」にあたる性差研究の系譜については、有賀(2000)第五章を参照されたい。

(3) 種々のフェミニズム理論の詳しい所説については、有賀(2000)第一章を参照されたい。ここで、従来の「家父長制(patriarchalism)」は、家長たる最年長の男子が神聖化された伝統的権威である家長権に基づいて成員を統率・支配するという、古代ローマなどに典型的にみられた官僚制以前の支配の形態をさす。これに対して、フェミニズム理論における最も重要なキーワードの一つである「家父長制(patriarchy)」は、従来の歴史的な規定とは独立に、おもに家事や出産・育児など生命と労働力の再生産をめぐって賦課されたジェンダーによって規定される、男女間の非対称的な社会関係に根ざした男性支配システムを総称するものとして用いられている。なお、次節に述べる「資本主義的家父長制（capitalist patriarchy）」は、「家父長制的資本主義（patriarchal capitalism）」としばしば互換的に用いられる。

（4）詳細な議論は、Gough（1979）を参照。

（5）この判例は、[Griswold v. Conneticut, 381 US 479（1965）]をさす。同判決では、プライバシーが「家族」に妥当するものと解釈された。なお、[Eisenstadt v. Baird, 405 US 438（1972）]では、プライバシーが「個人の権利」であることが明らかにされている。家族関係は、かつて久しく国家の規制や宗教等によって規律されてきたが、一九六〇年代に入って家族成員の「権利」を問題とする訴訟が頻りに起こり、家族法の問題が、憲法上の権利に関わる問題として係争に付されるようになった。そうした訴訟の判決を支える権利の構想（conception）には二通りあり、第一は、〈家族〉を国家の介入から保護される統一体と見なすもの、第二は、権利の主体を各〈個人〉と捉え、適切な家族関係についての法的なアサンプションを問い直そうとするものである（Minow & Shanley 1997: 96）。

（6）たとえば、Taub & Schneider（1982: 122）および MacKinnon（1987: 102）を参照。

（7）ケネス・カースト（Karst 1980: 624f.）による。なお詳しくは、竹中（1995）および中山（1999）を参照。

（8）なお詳しくは、有賀（2000）第三章を参照されたい。

（9）たとえばノルウェーでは二〇〇三年の時点で、資格ある父親の九割が当該制度を利用している（厚生労働省ホームページ「報道発表資料」2004. 9. 24）。なお、父親への割当期間は当初四週間であったが、現在は六週間となっている。

（10）フェミニズムの脱中心化を唱える「多様なフェミニズム」論は、女性の抑圧は一様で普遍的なものではなく、人種や階級によって異なる経済的・社会的・歴史的・文化的な諸条件に基づくものであるという認識のもとに、女性間の差異や多様性を尊重し、その共通性のみならず女性間にも存在する矛盾や力関係についても明らかにしてゆこうとする方向性をもつ。それは、従来の主流フェミニズムに潜む白人中産階級主義的な前提に対する、それまで「他者（others）」とされてきた黒人・有色人種・第三世界等のフェミニストたちによる諸批判に呼応するものであった。こうした主流フェミニズムに対する挑戦は、アメリカにおけるバーバラ・スミス（Smith 1980）やベル・フックス（hooks 1981）、イギリスにおけるヘイゼル・カービー（Carby 1982）など黒人フェミニストによるものを皮切りとして、一九八〇年代半ば頃から盛んとなった。なお詳しくは、有賀（2000）第六章を参照されたい。

（11）家族の問題をめぐって、フェミニストがロールズに批判を向けるのは、おもにロールズが家族を「非公共的」な領域と位置づけ、公共的（政治的）領域と切り離そうとすることに対してである。つまり、このような分離によって、これまでのフェミニズムが問題にしてきた家族内の不平等が規範理論の視野からいっそう遠ざけられることになると見るからである（金野 2006: 8）。

（12）Okin（1990: 89f.）を見よ。なお、ロールズの「正義の二原理」について詳しくは、有賀（2000: 100–101）を参照されたい。

第二章　家族内の正義を考える

――契約に基づくアプローチを軸として

1　「正義の基底性」から導かれるもの

前章においては、ナンシー・フレイザー（Fraser 1997）のいう「普遍的ケア提供者モデル」に拠る男女均等な有償・無償労働の分担が、まさに社会全体のレベルで正義に適っていることを見た。しかし一方、個別的な家族のレベルで無償労働をおこなう義務は、原則的に自らの意思に基づく自発的（voluntary）なものに基礎をおくのが妥当であろうことが示唆された。すなわち、個々人の〝多様な善の特殊構想〟や〝自律の尊重〟という理念に鑑みれば、家族内における無償労働の分担は基本的に自らの意思によることが望ましく、ここにおいて、家族成員間での「契約」概念適用の有効性が想定される。ただし前述のように、ここで諸個人の善の特殊構想に応じて尊重される〝契約の自由〟は、先の「正義の基底性」（井上 1999：98, 143-144）の制約を十全に伴うものでなければならない。

まず先述のとおり、諸個人の〝善の特殊構想〟に応じた生の構築、つまり個人の自律を尊重して〈正〉と〈善〉とを峻別し、公的強制は〈正〉に基づく場合にのみ可能とする「正義の基底性」の理念に立脚すれば、自己の有する諸能力―市場労働力を含む―のうち、どの能力を発展させるかは、個人の自由な選択に委ねられていることが肝要である。

一般に資本制社会のもとでは、貨幣に換えられる「市場労働をおこなう役割」の方が、無償の「家事労働を担う役割」よりも高く評価されるという価値基準が存在する。にもかかわらず、とりわけ育児をはじめとする家族成員のケアに対する女性の責任は、その責任を脆弱な他者（高齢者や罹病者など）の介護へと拡張することをも含めて、これまで女性の家庭内での経済的依存性や女性の労働市場での周縁化にとって中心的な位置を占めてきた。そこでは、いわゆる母性愛神話や男女の性別特性論に基づいた「女性的役割」に関する従来のジェンダー規範が、女性の家事・（育児を含む）ケアワークを是認し、かつ女性が市場労働に向けられる時間と労力とを制限するという相乗的な機能を果たしているといえよう。つまり、家事・ケアワークの担い手としての女性は前述のとおり、相対的に労働市場へのアクセスを制限され、結果として夫や国家への「経済的依存」ないし「二次的／派生的依存」を余儀なくされることになる。

今日の文化において「男らしさ／女らしさ」の観念は依然として重要な位置を占めており、従来のジェンダー規範によって規定されてきた広い分野での性別役割分業の秩序は、社会一般の日常における意識や行動をかなりの程度規定している。男女の平等が法的に保障され、雇用の均等や等しい相続などが原則とされていても、この文化のなかの差異化は根づよく、また各人が従来のジェンダー規範をある程度受け容れ、内面化しているため、これが半ば無意識化した文化をなしているということができよう。そのため、法的には男女平等が完全に保障されながら、ジェンダーの縛りによって実質的に不平等が生じるという事態も起こりうる。言い換えれば、男女の性別特性論・役割論を前提としたいわゆる機能平等論が、女性の男性と平等な権利を損なう論理となる場合がありうると考えられる。

前章で触れたとおり、家族内における無償労働分担の不均衡こそが、社会（＝公的領域）におけるジェンダー不平等の根底をなしているとすれば（cf. Okin 1989: ch. 6）、この不均衡は解消されなければならない。そのためには、無償労働分担の不均衡による女性の不利益が、家族領域から公的領域に及ぶことを遮るような措置を講ずることが肝要である。一方その際には、個々人の〝善き生の特殊構想〟との抵触を避けるために、諸個人の選択への直接的介入ではなく、いわば間接的な関与を及ぼす方策のほうが望ましいといえるであろう。

ここで、たとえばマイケル・ウォルツァーの『正義の領分』（Walzer 1983）における「複合的平等」の構想は、一領域内の不平等が他領域に波及することを遮断する公的領域のあり方として示唆的である（野崎 2003: 94–96; Okin 1989: 112–113; 盛山 2006b: 14–15）。

ウォルツァーの「複合的平等（complex equality）」の構想によれば、すべての社会的財の配分は、その財《グッズ》の社会的意味との関連で取り決められなければならない。この社会的意味が別個のものであるのなら、配分は自律していなくてはならない。つまり、それぞれの社会的財あるいは財のセットが、いわば一つの配分の領分（distributive sphere）を構成するのである。それぞれの特定社会にはそれぞれの社会的財とそれぞれの配分の領分があり、そのための複数の（傍点は有賀）基準がある。彼によると、権力ある者によってこれらの基準が侵害され、自律的配分が阻害されることこそが、まさに平等を妨げるものにほかならない。もしも一つの財を有している人が、それを有していることで広範囲にわたるほかの財の支配権を握ることができる場合、その財は「優越的（dominant）」であると定義されるが（Walzer 1983: 10）、この「優越（dominance）」の縮減にこそ焦点が合わせられるべきであるという。なぜなら、政治生活においては、財の優越は人びとの支配（domination）を強めるからである。この考察から、彼は「社会的財xは、財xの意味と関係なく、ただ財yをもっているというだけの理由で、yを所有している人びとに配分されるべきではない」（ibid.: 40）という配分原理を引き出したのであった。このように「複合的平等」は、領域の境界線の防御を要請するものである。

オーキンが指摘するように、以上のようなウォルツァーの構想は、領域ごとに存在する不平等が、彼のいう「優越」を作り出すようなかたちで、他領域での不平等に転化されるのを禁ずるという原則を意味している。ここにおいて、〈ジェンダー〉はあまねく「社会全体にゆき渡る『優越』の例であり、それゆえ複合的平等に対する重大な脅威である」(Okin 1989 : 112-113) と捉えることができよう。つまり家族内における責任および権力の不平等な分配は、広範な社会的・政治的諸領域における不平等と密接に関連している。男性の女性に対する優越を、家庭から賃労働の場へ、さらに伝統的に「政治的な」領域といわれるものへ、そこから再び家庭へと増幅・強化する循環的プロセスが働いているのである (ibid. : 113)。こうした循環的プロセスを断つために、各領分間の境界線を防御し、「優越」を排すべきであるとするウォルツァーの構想は、フェミニズム正義論にとって有効と思われる。

また、キャス・サンスティンのいう「反カースト原則 (the anticaste principle)」は、社会にとって極めて適切な理由のないかぎり、高度に可視的だが道徳的に不適切《イレレヴァント》な差異を、構造的な社会的不利益に転化させることを社会的・法的実践において禁ずるという原則である (Sunstain 1994 : 2410f.)。平等に関するサンスティンの理論は、差別が往々にして経済的適合性《レレヴァンス》をもつことから、市場は差別の除去に対して無力であり、特定のカテゴリーの人びとを構造的に二流市民的に扱うカースト状のシステムを持続させがちであるとの認識に基づいている。そこでは、こうした二流市民性 (second class citizenship) を排するために、「反カースト原則」が平等原則の内容として捉えられる。

反カースト原則とはこのように、経済的適合性《レレヴァンス》をもつ差別をも禁止するものである。つまり、人種や性別といったステレオタイプの大まかな指標化は、より細かな指標化に比して情報コストを節減するが、二流市民性の排除のためには、こうしたステレオタイプの代理変数化も禁じられる。たとえば性別は、家庭責任の有無やそれに関連する労働時間の柔軟性を示す代理変数として、相当に有効であると考えられる。それゆえ、雇用に際して家庭責任の有無は、採用候補者の差別的取扱いに関する〝経済的に〟レレヴァントな理由であるとも捉えうるが、二流市民性の排除のためには、こうした理由は〝道徳的に〟イレレヴァントと見なす必要があることになる。野崎も指摘するように、いわば経済的効率に反しても差別を禁ずるというこの平等原則は、レレヴァンスの限定という理念に〝外在的な制約〟を加えるものと捉えることができよう（野崎 2003: 102–103）。

ここで翻って、ジョン・ロールズの『正義論』（Rawls 1971）における「原初状態（original position）」に関する所説を想起してみたい。周知のように、同書は二〇世紀前半における実証主義・価値相対主義の興隆のもとで長く沈滞していた、経済政策や政治体制の倫理的基盤を本格的に扱う正義論を復権させる端緒となった。彼は社会契約説の自然状態や自然権などの構造的特徴を、ゲーム理論等を用いて現代的に再構成することによって、正義を一種の効率とみる功利主義的正義論に代わるべき実質的な社会正義原理として「公正としての正義（justice as fairness）」を提唱した。

ここにおける公正な判断者の立場は「原初状態」（「原始点」とも訳される）とよばれ、「公正としての正義」には、「無知のヴェール（veil of ignorance）」と名づけられた情報面での制約が想定されている。つまりそこでは、自然状態において全員が生まれながらに保有している「生命、自由、財産（その他）に対する自然権」が、原初状態という討議のテーブルでの平等な発言権―拒否権をもつ全メンバーが合意できた条項のみを採用するという意思決定方式―に置き換えられる。そして

「無知のヴェール」とは、自分だけに有利となるようなルールを誰も提案できなくするため、どの契約当事者も社会における自らの境遇、階級的地位や身分、生まれつきの能力、知性、体力その他の分配がどれほど恵まれているか等を知らないことにするという条件をさす。

これらの概念装置は、序章でも述べたとおり、社会における権利・義務の割り当てや利益・負担の分配に際して、個々人の出自や才能といった社会的・自然的偶然が及ぼす影響を最小限にとどめ、人びとの境遇や利害を超えて普遍的な視点を定立するために設定されたものである。

前章で見たように、ロールズの正義論はおもに家族における正義のレレヴァンスをめぐって、フェミニズムによる諸批判を受けてきたが、彼の「原初状態」および「無知のヴェール」の仮設は、しばしばフェミニズムの政治理論にとって有益な示唆を含んでいるとされてきた（cf. Beitz 1979: Kearns 1983: Okin 1990）。というのも、この仮設によって、人が自らの性別を知らずにいた場合に選択されるような社会構造のみが正義に適うことになり、それは男女両性間の徹底した社会的経済的平等を確立することを要請するからである。人が男に生まれるか女に生まれるかは偶然的な事柄であることを承認するロールズの正義論には、生物学的性差による区別や制限を否定し、ジェンダー（社会的・文化的性差）によって構造化された社会を超克する潜在的可能性が含まれていると考えられよう。

2　家族の再構築に関するアプローチの検討

さて、前章の終わりに述べたように、個人単位のプライバシーや個人権に基づく「親密な人的結合の自由」（あるいは何らかの親密圏）を公私区分の境界線として再設定するならば、いったん個人単位に解体された家族から、〈家族〉という結合をいかに再構築するかが次の課題となる。マーサ・ミノウとメアリー・リンドン・シャンリーによれば、今日の社会における家族関係および家族法の概念化をめぐっては、次の三つのアプローチがある（Minow & Shanley 1997: 85）(1)。

① 契約を基礎とする（contract-based）アプローチ（以下「契約アプローチ」）
② 共同体を基礎とする（community-based）アプローチ（以下「共同体アプローチ」）
③ 権利を基礎とする（rights-based）アプローチ（以下「権利アプローチ」）

ミノウらによれば、第二波フェミニズムの成果をうけて、家族を〝自然〟で〝前政治的〟なものとする通念ないしコモン・ローのパラダイムは崩壊したが、家族関係を法的にいかに捉え直すかについてのコンセンサスには未だ達しておらず、これら三つのアプローチ間での論争がある。

まず第一の「契約アプローチ」は、家族関係を私的な〝契約関係〟に基づいて捉えるものである。

それは、諸個人の自由に対する権利を基本とし、その権利が、自己の意志に基づいて請負った義務(obligation)によってのみ制限されるという、リベラルな社会観を前提としている。こうした捉え方は、伝統的な性役割に縛られない(ライフスタイル等の)自己決定権、および家族生活に関する多元主義に適うものであり、たとえば同性婚など種々の選択縁による多様な家族のあり方への基礎を提供する。したがって、従来のジェンダー・ステレオタイプを内包する家族観を解体し、養子縁組や代理出産契約などを含む、家族の形成における選択の範囲を広げるという利点をもつ(ibid.: 88–89)。

しかし一方、ミノウらは以下の問題点を指摘する。すなわち、同アプローチは第一に、たとえば代理出産契約など、女性の身体や再生産労働をモノ化(objectification)し、むしろ女性の疎外をもたらす危険性がある。第二に、私的な契約背後の経済的・社会的な条件の相違を温存し、男女間の支配・従属の関係を隠蔽するおそれがある。第三に、家族関係や子育てのうちには複雑な相互依存(interdependence)の関係があるが、契約アプローチはこれを掌握しきれない。第四に、家族関係の秩序づけには公益性(public interest)が伴うべきところ、同アプローチはこうした公益性を認識し損ねている(ibid.: 90–91)。

次に「共同体アプローチ」を支持する論者は、リベラリズムの自律的な個人主義を批判する共同体主義《コミュニタリアニズム》に同調して、〈家族〉を単なる私的結合ではなく、市民社会や政治組織体を構成するきわめて重要な制度であると捉えている。したがって、そこでの家族制度は、個人にとって何が「善き生」であるかについての、共同体による強制を伴う公的な判断を反映しなければならない。一般にこうした共同体主義的な前提のもとでは、望ましい家族形態や親子関係などをめぐる「善き家族」のあり方に関する共同体内でのコンセンサス形成に（たとえば性別役割分業の是非等をめぐって）深刻な対立がつきものであり、ミノウらも、同アプローチは善き家族のあり方について、宗教的・文化的境界に沿った社会的・政治的分断を招く危険性が高いと見なしている（ibid.: 93-95）。

以上の観点に基づいて、ミノウらは第三の「権利アプローチ」を支持している。それは、諸個人の基本的自由に対する権利を〈家族〉の領域まで拡張し、家族の多元性を奨励しようとするものである。このように、個人の自由に対する権利を家族関係の法的把握の基礎におく点で、同アプローチは先の「契約アプローチ」と似かよって見えるが、ミノウらによると、この両者間には隔たりがある。すなわち、契約アプローチでは家族関係が〈市場〉における取引と同視されるため、価値の「公的な分節化（public articulation）」の余地が殆どないのに対し、権利アプローチは「保護に値する種類の自由、および社会的サポートを正当化する人間の尊厳に関する公的な分節化」を要求するものである（ibid.: 99）。つまり後者は、公的に分節化された（家族を単位とする）何らかの公共的価値の特定を伴うものと捉えられている。

ミノウらによれば、もとより家族法は「家族生活」と「家族と国家との関係」という二つの複雑な特徴を考え合わせうるような諸原理に基づかなければならない。つまり、個人は、紛れもない個人（distinct individual）であると同時に、基本的に「依存・ケア・責任の関係」に巻き込まれた人格（person）と見なされるべきである。また家族は、私的な結合（association）であると同時に、政治的な秩序によって形成される独立体（entity）であることが考慮されるべきである。このような観点から、彼女らは自由に対する「権利」を（自律的な諸個人そのものでなく）何らかの公益性を伴う、保護に値する家族関係をなす各成員に属するものと見なし、むしろ前章で触れたケネス・カーストが「親密な人的結合」とよんだところの、さまざまな程度の人的親密性の関係から生起し、基礎づけられるものとしての権利観を呈示する。こうして彼女らによって提唱されるのが、家族関係の〝非契約的〟な側面、つまり「相互依存（interdependence）」の関係とその前提条件に着目する「関係的権利・責任」の理論（a theory of relational rights and responsibilities）であり、それは、人的諸関係の領域を切り拓く権利を人びとに与え、そのことによって上部コミュニティからの扶養（sustenance）を引きだそうとするものである（ibid.: 100–102）。

すなわちミノウらは、契約アプローチが、家族関係の法的把握における〝公益性〟や家族関係の複雑な〝相互依存関係〟を掌握しきれないと見なして、「権利アプローチ」の優位を説く一方、「契約アプローチ」が（家族と市場との同視により）家族内にもレッセフェール（自由放任主義）的な市場原理を導き入れることによって、男女間の権力関係を〝温存〟ないし強化させることを危惧しているように思われる。

しかし、リベラリズムは元来、必ずしもこうした市場観に立つわけではない。言い換えれば、現存する権利は法によって成されたものであり、ここでの権利（right）には、法によって特定された範囲内で行動することを容認する権原（entitlement）が含まれるが、こうした権原の法による保障によって、社会や市場は構成されているのである（野崎 2003: 112）。つまり市場はすでに不法行為法、契約法、財産法などの形式をとる国家の規制をうけているのであって、必ずしも自由放任主義《レッセフェール》の支配下にあるわけではない（cf. Olsen 1985: 836; Sunstain 1993: 5–6）。

また前章第5節で述べたように、国家によるこうしたルールの設定や維持は、正義に基づく公共的理由に拠らなければならないという原則が正義概念の要請であるとすれば、いかなる〝契約の自由〟に基づく家族関係の法的ルールも、公共性ないし公益性の要請を免れることはできないはずである。リベラリズムは、国家からの不介入という意味での自由のみを称揚するものではなく、キムリッカのいうように「正義の制約内における契約の自由を信ずる」（Kymlicka 1991: 87）ものなのであることを、ここで再び銘記しておきたい。

たとえば、先のウォルツァーによる「汚れる仕事（dirty work）」の分担に関する理念は、〝公共性の要請〟を示唆するものといえよう。すなわち、汚れる仕事—汚れ、ごみ、屑にかかわる活動—は地位の低い人びとに配分されるという仕方は、平等な社会とは相容れない方法であり、平等な者たちからなる社会においては、汚れた仕事と軽蔑とのつながりを断つために、「少なくとも部分的には、また象徴的な意味では、私たち皆がそれをしなければならない」（Walzer 1983: 174–175）という理念である。ここで家事・ケアワークが、その属性そのものに低い威信を付与されてきた女性がおこなうゆえに低い価値しか与えられないという構造をもつとすれば(2)、こうした無償労働と、女性の低い地位との連鎖を断つために、少なくとも部分的・象徴的に、全家族成員が無償労働を分担するという限定が、〝契約の自由〟に対する強行法規的な〝正義の制約〟として付されるべきであろうと思われる。つまり、契約の締結にあたっては、一方当事者の側が全ての無償労働を負担するという条項は認められないことになり、したがって、たとえば妻が全ての家事・ケアワークを負担し、夫は全く分担しないことが許容されるべきではないだろう（野崎 2003: 90）。またこれによって、家事・ケアワークの意味づけを捉え直す契機が与えられうる。

そうした契約アプローチに先の「普遍的ケア提供者モデル」を導入し、それを第1節に述べたウォルツァーの「複合的平等」の構想やサンステインの「反カースト原則」で補完することによって、無償労働分担の不均衡が女性の社会的不利益に転化する循環的プロセスを遮断することが肝要であろう。また、ロールズの「原初状態」の地点に立ちつつ、契約の締結に際して各家族成員の負う権利・義務を明確化することは、とりわけ従来家事・ケアワークに拘束されてきた女性の不利益を減ずる、ポジティヴな役割を果たしうるものと考える。

3　権利アプローチの妥当性をめぐって

さて、前節までの行論から、家族関係の法的捉え方には〝公益性〟の観点からの制約も必要とされるが、野崎も示唆するとおり、前述のような「正義の基底性」を理念とするリベラリズムの立場が、公益性の内実をより厳密に考えるゆえに、「個人の自由の尊重」と「公共性」という二つの理念のバランスを望ましいかたちでとりうる可能性を有するものと思われる（野崎 2003: 124）。先述のように、正義の基底性とは、〈正義〉の〈善〉に対する優位を前提として、ルールは特定の善の構想からは独立的に、正義に基づいて構築されるべきものとする理念であり、それは「正義の独立性」――諸個人は人間や社会のさまざまな善（good）とは独立に権利＝正（right）を有する――などによって支えられている（井上 1999: 98, 143-144）。

家族関係の形成や維持は、とりわけ諸個人の〝善き生の特殊構想〟と深く結びついているものと思われる。とすれば、諸個人の多様な善の構想を尊重するためには、ルールが特定の善の構想（たとえば特定の役割モデルやライフスタイル）とは独立的に構築されることが肝要であろう。この観点からは、「公益」の内実を明らかにし、国家権力の限界点を明確にすることが必要となる。ゆえにここでは、むしろ権利アプローチよりも契約アプローチのほうが、その公益性の内容を明示する条件が与えられることになる。ミノウらのいう「公益性」の中身も曖昧であるため、家族関係の形成と維持に関するルール構築の根拠が、不明瞭なままとなってしまう危険性がある。

次に、家族内の〝相互依存関係〟の重視という第二の論点から導かれる、ミノウらのいう「関係的権利・責任」論は、「新フェミニスト」とよばれるキャロル・ギリガンやサラ・ラディックらの提唱する〈ケアの倫理〉をその基盤としたものである。そこでは、ケア活動が人間の道徳的義務として捉えられ、「依存・ケア・責任の関係」に基本的に巻き込まれた主体としての人間像が重要視されている。「契約アプローチ」が家族関係の複雑な〝相互依存関係〟を捉えきれないというミノウらの第二の批判は、契約アプローチの〝自律的〟な人間像をめぐるものであるといえよう。つまりそこでは、家族内の〝相互依存関係〟が強調される一方、複雑な家族関係を〝個人の意志〟(individual volition) のみに基づいて把握することへの疑問が投じられる。

ジョゼフィン・ドノバンにしたがえば、「新フェミニスト」の論者たちは、第二波フェミニズムによるジェンダーの〝社会構築主義〟に対し、ジェンダーの文化的拘束力が変更し難いことを前提としつつ、かわりに「女性文化」——つまり女性の伝統文化や慣習や経験——のなかで形成され受け継がれる「女性性」を擁護するいわば〝ジェンダー本質主義〟の立場から、フェミニストの新たな政治倫理を提起しようと試みてきた。ドノバンによると、フェミニスト歴史学・人類学によって明らかにされてきた女性のほぼ普遍的な経験構造とは、次のようなものである (Donovan 1985: ch. 7)。すなわち第一に、女性は政治的抑圧を経験してきていること。第二に、女性は歴史を通じて、家庭の領域および育児や母親業 (mothering) を含む家庭の義務を割り当てられてきたこと。第三に、女性の経済機能は、食料や衣服といった直接家族によって消費される物質の製造を意味する「使用のための生産」であって、市場を介した「交換のための生産」ではなかったこと。また第四に、女性は出産を中心とする、男性とは異なった身体的経験を有すること、である。そしてこうした経験が、女性の特定の意識や認識論、ないしは倫理や美学を形成してきたという観点のもとに、新フェミニストの道徳ヴィジョンが語られてきた。

ギリガン（Gilligan 1982）の所説によれば、女性のモラリティは〝ケア活動〟をめぐって発想される、〈責任と関係性〉に基づく道徳律を中軸とする「責任のモラリティ」である。それは、結合よりも分離を基礎とし、関係よりも個々人を最優先して考える〈権利とルール〉に基づく道徳律を中軸とする男性の「権利のモラリティ」と対照をなしており、ケアの倫理の基底にある心理的な論理は、正義のアプローチを基底とする公平さの形式論理と対照的である（ibid.: 19, 73）。こうして、いわば男性原理としての〈ルール＝ヒエラルキー〉に媒介された自律的個人の集合と、女性原理としての〈コミュニケーション＝ネットワーク〉で形成された親密圏との対照的なイメージを軸とする男女の認識構造の差異の指摘によって、〝結合の維持〟を優先する生命肯定的な倫理、ないし生活の具体的細部を尊重する倫理といったフェミニストの新たな政治倫理が提起されてきたのであった(3)。

しかし、このような「自律性」よりも「関係性」を重んずる捉え方は、家族関係が家族成員の権利義務関係の明確化によってではなく、成員間の〝愛情〟に基づく紐帯によって営まれるべきものという従来的な規範ないし観念の強化にも繋がりやすいことに注意が必要である。近年のケアをめぐる社会学的研究は、家族イコール愛情という強い規範性をもつ「家族としての愛情」の強調が、ジェンダーに関わる困難な問題を導くことを示してきた。

たとえば、そうした「家族愛」が帯びる強い規範性が、家族内の女性成員（妻・娘・嫁など）に対して抑圧的に働くというパラドックスともいうべき状況は、介護の場面において最も深刻に顕れる。春日キスヨは、介護という労働が「家族としての愛情」があれば弱った人を見捨てることはできないはずである、という強い規範性によって担われているために、介護の負担が当然視されることになるという（春日 1997: 53, 126–127）。そして、こうした家族愛を強調する「愛情中心家族」とは、高齢者介護が必要となったとき、市場労働の基幹労働者たる息子世代を市場に留めるべく、老親の介護から息子世代を遠ざけるように作動する方向でつくられた制度である。つまり、「愛情」が強調される家族においては、女性成員に介護役割を担わせ、男性成員を介護役割から遠ざける力が働いている（春日 2001: 43）。

こうしてみると、おもに〝情緒的存在〟である女性が他者のニーズに対して気配りをおこない、脆弱（vulnerable）な他者を世話する責任を引き受けるべきという規範を強化しがちであった〈ケアの倫理〉を正しく捉え直すことの重要性が顕らかになってくる。専ら家族関係における〝相互依存性〟を強調し、〝自律〟に十分な価値を認めないことは、女性に抑圧的に働く愛情のパラドックスを強化させる危険性をはらんでいる。序章で見たように、とりわけケアワークは、あらかじめ区切りをつけられない高密度の労働である。専門性を要する社会的有用労働—すなわちディーセント・ワーク（働きがいのある人間らしい仕事）—として正当に位置づけて、社会福祉サーヴィスが直接担うような制度的整備を施すことが不可欠であろう。

そしてまた、〈ケアの倫理〉を女性のみに結びつけることなく、全ての人びとに共通の倫理として一般化／公共化し、男女を問わず人間らしく生きるための—ウェルビーイングの実現に資する――「ケア権」の構築につなげていくことが望まれる。というのも、上述のような、「家族愛」のもつ規範性のなかに、ジェンダーの不平等を強化するメカニズムが浮かび上がってくるからである。「家族愛」の

4 性別役割分業強化のメカニズム

すでに前章第4節にも触れたが、ここで再びケアワークの諸特性を顧みるならば、ケアを要する人びととは典型的にいえば子ども、高齢者、障碍者、病人といった、一般に防衛力の弱い者たちである。女性は従来、そうした人びとの国家や公的機関への完全な依存を防ぐ「緩衝装置」として働き、その結果、自らは家族や社会において依存的地位（ないし二次的依存）に配置されてきた。女性が家庭に居つづける理由は、自らの「撤退」が特に子どもや高齢者といった脆弱な他者を損なうためであると、少なくとも部分的に特定されうるであろう。そしてこのことは、男女の〝ジェンダー上の義務〟に関連づけられなければならない。つまり、性別役割分業によって維持される資本制（＝家父長制的資本主義）の社会経済的諸関係は、パトリシア・タロック（Tulloch 1984）にならって、女性が本質的に弱者の保護に与えるべき〝優先順位〟のおかげで成り立ってきたという一つの仮説を立てることができる。タロックによれば、女性の「家庭責任」と男性の「生計維持責任」は、女性の優先権と男性の優先権とを反映した一定の交渉の結果とみなすことができるが、この交換取引モデルでは、家族成員のケアは女性に直接強いられるというより、自らがその特質上、男性がする

よりも高い優先順位を与えると想定されてきたものなのである（Tulloch 1984: 34）。

そして、ケアに対して賦課された女性の高い優先順位のために、女性は労働市場において不利な立場に配置されることになる。いうまでもなく市場の論理のもとでは、子どもや高齢者にケアを供給する間労働市場を去ることを選ぶ女性は、相対的に競合性や一貫性に劣る労働者となるからである。つまり女性は、ケアワークにおける主要な役割を引きうけることに多大な代価を支払うのであり、その選択は実質的には社会的サンクション（報酬と罰）――誇りや恥の感じをもたらす無定型の圧力から、明示的な非難・賞賛を経て物理的強制に至る多様なかたちをとる――によって彼女たちに〝賦課〟されているものであるといえよう。

こうして女性の賃労働参加への時間と機会は制限され、その結果として、女性は経済的に配偶者や国家に依存する家事労働者となり、公的な意思決定機構においても相対的な無権力に陥る可能性が高くなる。ケアワークの中心的役割を引受けることに女性が支払う代価は高価であり、その代価は、女性が支払わされてきたものである。そして、女性の配偶者や国家への経済的依存は、女性の主観的意識のレベルと、広範な政治・経済的地位との双方に深い影響力をもつ。

つまりこの経済的依存が、女性の心理的拘束と社会的無権力をもたらし、男女の非対称的な力関係を増幅していると捉えることができよう。前述のように「経済的依存」は、同時に精神的・政治的・社会的依存と弱体化という二次的／派生的依存をも引き起こしがちである。広渡清吾にしたがえば、第一に女性にとって婚姻ないし家族共同体は、そこから出ることを制限され、またそのなかでは役割を強制されるものであり、第二に共同体内部におけるパワーの配分は、女性にとって不利・男性にとって有利なヒエラルヒー的な構造をもっているといえる（広渡 1999：149）[4]。

そして他方、上述の〝優先順位〟を介した交換取引のメカニズムは、「ケアワーク」という女性の担ってきた経験が、いわば道徳的な義務を伴う経験であって、単なる商品をめぐる経済的取引なのではないという一面を示唆している（有賀 2000：84）。この交換取引において「自律」に十分な価値を認めないことは、たとえば「慈愛心」といった道徳的要素を過大視することに繋がる危険性をはらんでいる。ここで、女性のケアワークがいわば〝賦課された〟優先権の帰結であるという見地は、資本制システムが「女性の選好」とされるものを利用してきたこと、ないし女性がこの優先権に対して支払う多大な代価が不可避的なものではない、ということを示唆している。

家族＝家計のユニットにおける男女の非対等性は、男性の扶養義務が女性の家事・ケアワーク供給義務よりも高く評価され、サーヴィスの交換が不等価になっているところに存在する。ケアワークが相対的に低く評価されている一つの理由は、利潤動機が報酬を決定するということ、つまり健常者の世話をも含む「ケアすること」は、収益中心的生産過程から遠く離れすぎていて高収益を保証しないということである（有賀 2000：86）。

ここで、交換という観念が何らかの〝互酬性〟を伴っているという出発点に立ち返ってみよう。一般に、ある特定資源の寄贈者は、多かれ少なかれ受領者から引きだされる何らかの貢献を取得しており、そこには一つの取引関係が発生している。受領者の側も通常、種々の資源を有しているため、寄贈者から受領者に提示される条件について交渉をおこなうことは可能である。ここにおいて、受領者の貢献の価値が高い（ここでの議論では家事・ケアワークが社会的・経済的に決定的なものである）ほど、その関係が対等な互酬状態の方向へ移動し、それに伴って交換における「寄贈者」と「受領者」との区別が消失に向かっていくことが予想される。また他方、女性が強力な市場労働能力や所得に関する強力な代替資源を有するといった諸条件の下では、男女関係が対等な〝互酬〟の方向に移行する傾向のあることが示唆されよう。したがってここでは、前章で述べた「普遍的ケア提供者モデル」――男女均等な有償・無償労働の分担――の導入が有効であろうと思われる。ジェンダーの不平等を解消するためには、〝相互依存関係〟を強調する「家族愛」の規範性のなかに女性を閉じ込めないことが肝要である。

また一方、契約アプローチの前提とする〝自律〟の観念は、〝関係性〟と必ずしも対立するものではないと考えられる。たとえばハリー・フランクファートは、関係的な要素をもつ「愛」は意志的（volitional）なものであり、自律と対立しあうものではないという（Frankfurt 1999: 129–133）。彼によれば、人間の意志作用（volition）が、自己の意志（will）の本質的な特徴に由来している場合にのみ、人は自律的に行動しているといえる。しかし、人間が道徳律（moral law）に由って行動する場合のみならず、愛に由って行動する場合にも、同様の関係が当てはまるという（ibid.: 132）。

これに対して、野崎も示唆するように、ミノウらの問題視する「自律」の基盤となっているのは、「負荷なき自己（the unencumbered self）」を前提とした自我観であると思われる（野崎 2003: 118）。

これは、コミュニタリアンのマイケル・J・サンデルが、リベラリズムにおける自我観として批判の対象としたもので、自己の自由な選択に一切の価値根拠を求め、そうした選択能力のみをアイデンティティの基礎とする選択主体としての自我の観念である（Sandel 1982）。この自我観を想定した場合、自由に選択されたといえない人的関係（たとえば親子関係）は自律のカテゴリー内で価値の根拠を失ってしまいそうにみえる。しかし真の自律を支える自我とは、自らの選択によらないある価値に、諸個人が解釈を施すことによって善の特殊構想を形成し追求するという、前述の「自己解釈的存在」として捉えられるべきであろう。この自我観を前提とする〝自律〟―すなわち「解釈的自律性」―は、関係性と対立しあうものではないと考えられる（野崎 2003: 118-119）。

つまり、フランクファートも述べているとおり、愛は情念や衝動とは異なって、人間の確立された意志作用性をなす一要素であり、それゆえ人間としてのアイデンティティをなす一要素である（Frankfurt 1999: 137）ということができよう。このように、人的相互関係の尊重と、自律の尊重とは二項対立的に捉えられるべきものではなく、むしろ自律性は、関係性の前提条件であるといってよい。

こうしてみると、ミノウとシャンリーのいう、契約アプローチにおける「公益性」および「自律と関係性」の問題をめぐる批判は妥当しないことが明らかとなる。本節までに見てきたように、契約アプローチは、家族関係を全くの私的自治に委せるものと捉えたり、また自律を関係性と対立するものとして捉えているわけではないからである。次節では、以上の検討をふまえて、そうした公益性や関係性の要請にも適った「契約アプローチ」の可能性、ないしは同アプローチと「権利アプローチ」との融合の可能性について探ってみたい。

5　契約アプローチの可能性をめぐって

さて、「契約」を基礎として家族関係を法的に捉える場合、つねに重要な問題点として投じられるのが、複雑な相互依存関係を含む家族関係は、契約によって捉えることになじまないという批判である。つまり、婚姻や家族に関する契約アプローチは、家族内における個人の自律性を最大限に尊重するものであるが、上述の批判は、家族内で個人化ないし〝自律性〟の方向を推し進めることが家族の〝共同性〟を破壊するのではないかという危惧に結びついている。先のミノウらが、契約アプローチは家族内における「相互依存関係」を捉えきれないという批判をおこなったのも、同アプローチの前提とする〝自律〟の観点と〝関係性〟とは相反すると見なすからであった。つまるところ、「契約アプローチ」と「権利アプローチ」との相違点は、前者における「自律性」の尊重と、後者における「関係的権利・責任」の重視とのちがいに見出されよう。

こうした契約アプローチに対する批判は、具体的には第一に子どもとの関係は、契約に基づいて捉えることになじまない、第二に家族関係は選択によるものに限らないため、明確な意思を基礎とする契約関係で捉えるのは妥当でないというものである（Young 1997: 108）。たとえばオーキンは

『正義・ジェンダー・家族』(Okin 1989) において、「契約的思考に適さない領域としての〈結婚〉という神話的観念を破壊すべきである」(ibid.: 122) として、リベラルな契約原理を結婚にも適用することを肯定する一方、性や生殖に関する条項も含めた当事者間の合意を第一義とする完全な婚姻契約化の立場は、ジェンダーの歴史や両性間の実質的不平等、および殊にその関係から結果する子どもの福利を損なうことになるという (ibid.: 173)。つまり彼女にとって、「子どもの福利を損なう」ことが、契約化制限の最も重要な理由なのである。

キムリッカは、オーキンの同書を論評するなかで、正義の原理を家族にも適用すべきとする彼女の主張を基本的に支持している (Kymlicka 1991: 83)。次には、リベラル化された家族のあり方が問題である。キムリッカにしたがえば、端的にいうとリベラリズムは、正義の制約内での契約の自由を信ずるものであり、自分のどの素質 (capacity) を伸ばし、また市場においてどのサーヴィスを売買するかの選択は個人の自由に委ねられている。したがって、こうしたリベラリズムを家族にも一般化すれば、性、結婚、および親業 (parenting) の契約化が要請 (ないし少なくとも許容) されるはずであるという (ibid.: 87-88)。すなわち彼によれば、子どもを産み育てる自由は、権利というよりむしろ責任であり、あるいは子どもの利益を促進するような方法でのみ行使しうる「信託 (trust)」である。とすれば、たとえばヒュー・ラフォレット (LaFollette 1980) も唱えるように、現に養子縁組の際におこなわれる資格審査などから、「親業のライセンス化」も導かれうる。(5)

こうした信託原理は通常、家族生活への明白な制限を正当化する根拠となるが、子どもの問題を考慮する場合には、この信託原理がもつ契約の自由に対する〝制限基準〟が問題となる。キムリッカによると、従来のリベラルは、異性愛による単婚家族に対してはその制限基準を緩くとって、子どもの最も基本的な利益を侵害する明白かつ現行の危険（虐待や放置等）を要件とする一方、それ以外の家族形態に対しては厳しい基準を適用し、単に危害のおそれ（自尊・自律・幸福等の侵害）を要件として、契約の自由が制限されると捉えてきた。そうした捉え方は、従来のリベラルにおける、家父長制家族イデオロギーの暗黙の是認を反映しており、そこには、異性愛による結婚の枠外での性交渉や再生産は反自然的なものであって、子どもは母子間の自然的な結びつきのゆえに母親のケアに委ねられるべきであるというイデオロギーが介在している（Kymlicka 1991: 91–92）。

しかしながら、オーキンのいう「社会生活の連帯的側面（communal aspect）を侵さない」という制約原理に照らしてみても、親業のライセンスを伴う契約家族は、現存する家族よりも安定しているかもしれないし、安定したポリガミーの家族が、一夫一婦制の家族よりも社会生活の連帯的側面を損なうとはいえず、「子どもへの利益の侵害」は、家族関係の契約化を否認する決定的な理由とはならないとキムリッカはいう（ibid.: 93–94）。

このようにキムリッカは、家族の多元化擁護の観点から、家族形成の契約化を肯定的に捉えている。さらにいえば、上述のような契約の制限基準は、ある特定の善の構想を契約の規制根拠に関連づける結果となり、正義の善に対する優位を基本理念とするリベラリズムとも相容れないことになる。こうしてキムリッカは信託原理について、家族形態の相違によって基準を変えることなく、それぞれのケースに関して個別・具体的に子どもの福利の判断をおこなうという方向性を示唆している（ibid.: 91-94）。このように、〝契約の自由〟の尊重によって家族の多元化を擁護しつつ、子どもの福利については〝信託原理〟によって個別・具体的に対処し、「家族の多元化」と「子どもの福利」という二つの要請のバランスを図っていくというキムリッカの方向性は、基本的に妥当であろうと考える。そのような子育てに関する「信託原理」を支える基盤については、次章でさらに考察を加えることにしたい。

いかなる相手と、どのような家族関係を構築するかをめぐる諸個人の人生設計は、それぞれの〝善き生の特殊構想〟における要であるといえる。したがって、個人の自律を尊重する見地からは、家族関係構築の自由を最大限に尊重することが殊に重要な意味をもつ。ある特定の善の構想に基づいて、自由な家族の構築を制限することは、個人の自律を甚だしく損なうおそれがある。したがって、その構築に対しては、いかなる善の特殊構想からも独立的な、正義に基づく制約のみを適用することが、個人の自律の尊重にとって不可欠の要件であるといえよう。

前述の「正義の基底性」を理念とするリベラリズムの見地からは、家族関係は契約を基礎として理解するのが原則であり、あらかじめ特定の家族関係を排除しないという方向性が整合的であるだろう（野崎 2003: 125）。そのうえで、信託原理に基づいて個別・具体的に文脈依存的な子どもの福利の判断をおこなうというキムリッカの示唆は、他方の要請である子どもの利益の増進にも適うものと考える。さらにこの捉え方は、前述の「権利アプローチ」における家族成員の「責任」遂行の要請にも応えうる要素を含んでいる。

信託（ないし「信認関係」）とは、受認者が受益者の利益を図る義務を負い、強い公的介入が求められるものとして捉えられる（樋口 1999: 39）。こうした信認関係の特質は、いわば〝強者による弱者の要保護義務〟に基づく責任原理の妥当する「親子関係」になじむものと捉えられよう。一方、親子関係以外の家族成員間においては、個々人の権利義務の明確化という観点がとりわけ重要であり、信認関係よりも「契約」をその構成原理とすることが望ましいと考える。さらにいえば、子どもの判断能力の未成熟さを根拠として、未成人子については、親子関係を契約関係ではなく、子どもの利益を増進するような仕方でのみ行使しうる「信託」類似の関係として捉えるのが妥当であり、一方、成人子に対しては、親子関係の契約化による規律が可能であり、かつ適切であると考える。

親子関係を含む家族成員の権利義務関係を、自発的原理に基づいて説明するのを放棄することは、親子の権利義務関係の基礎を生物学的なものに還元することに繋がりがちである。たとえば婚外子について、生物学的な関係を基礎として父親に扶養の義務を負わせるべきとの考え方も成り立つが、かりに母親が父親との関係を絶って単独で育てることを望む場合、このように父親に義務を負わせることは、それに対応する権利（面接交渉・訪問権、監護権など）をも付与することに結びつく（Kymlicka 1991: 85-86）。またこうした捉え方は、家族の多元性を著しく損なうことになる。ここでは、たとえば先述の「親密な人的結合」における親子関係の宣言をもって、権利義務の発生要因と捉えることも可能であろう。

さて、契約アプローチにおいて未成人子との関係は「契約」ではなく「信認関係」として把握しうることは既に述べた。その際、個別・具体的に子どもの福利の判断をおこなうことになれば、国家が家族関係に立ち入る必要から、家族に対する国家の過度の介入を招き、「家族の自律性」を損なうのではないかという批判が導かれうる。しかし先に見たとおり、プライバシーは〈家族〉単位ではなく、あくまで〈個人権〉を基礎として観念すべきであり、〈家族〉の自律性を強調すべきではないと考える。

児童虐待やドメスティック・バイオレンスの深刻化に鑑みれば、「家族の自律性」の強調は、ある家族成員の重大な権利侵害を潜在化することに繋がる危険性をはらんでいる。また「家族の自律性」を重んずる立場は、保護されるべき家族を、従来の法律婚に基づく嫡出家族に限定する傾向に結びつきやすい。しかし、もとより子どもの利益の判断を個別・具体的におこなうのは、「家族の多元性」の確保と「子どもの福利」とのバランスを図るという構想に基づくものであった。家族への国家介入の場面は可能なかぎり限定的にとどめると同時に、児童虐待などに鑑みて実効的な介入を可能ならしめる方途が求められよう。

では、家族内にも契約原理を適用する場合、家族に固有の価値や家族の存在意義は何に求められることになるのだろうか。本書第一章で触れたように、家族とは、政治的な闘争や経済的な競争原理の支配する冷酷無情《ハートレス》な公的領域とは切り離された、安全で統一的な、本来的なアイデンティティに帰る「最後の避難所」であるという、旧来からの一つの回答が予想される。しかし、こうした家族観こそが、フェミニズムによるラディカルな諸批判の対象であった。たとえばボニー・ホーニッグにしたがえば、ホーム（我が家）の価値を追求することは、個人間の差異を抑圧し、統合されざる他者性を排除する、同一性のイデオロギーを生む危険性をはらんでいる。家族をディレンマの空間と捉える彼女は、「差異を深刻に受け止めることは、ホームと呼ばれる場所を夢見ることをあきらめることでもある。つまり、権力、軋轢、闘争のない場所を夢見ないこと」(Honing 1994=1998: 231)であるという。こうしてホームは、ディレンマをはらんだ「連合的《コアリショナル》なパートナーシップ」(ibid.: 246)として意味づけし直される。

しかし一方、アイリス・M・ヤングは、ホーニッグらのような観点をふまえながら、なお家族に固有の価値を見出そうとする（Young 1997: ch. 7）。すなわち、第一に安全な場を確保するものとして、第二に個人としての実存—自己のアイデンティティの実体化（materialize）—を可能ならしめる場として、第三に個人のプライバシーをやしなう場として、第四に保存（preservation）の場、つまり自己の人生の物語を解釈・再解釈する場としてのホームの価値である。すなわちそうした「我が家」は、諸個人の自律や自己尊重《セルフ・レスペクト》を確かなものとするための安全でプライベートな空間として捉えられるべきではなかろうか（有賀 2004: 209; 野崎 2003: 137）。

そしてここにおいて、家族内における「契約」による諸個人の権利・義務の明確化は、ジェンダーの不平等の改善に資するものと思われる。というのも、これまで論じてきたように、家族内の「相互依存関係」を実際に維持してきたのは、おもに女性による一方向的なケアの供給だったからである。近代家族とは、まさに女性の自律性の縮小と、母役割への特化によって支えられてきたのであった。こうした状況に鑑みれば、家族における女性の自律を尊重し、契約によって家族成員の権利・義務を明確化することは、女性を際限のないケアの供給から解放することにつながるものと考える。たとえば、家族成員間での契約による無償労働の分配は、家族成員の負う権利・義務を明確化するという意味で、女性の不利益を減ずるポジティヴな機能を果たしうるのではなかろうか。

6 個人の自律と多様な善の構想

ハンナ・アレントは『人間の条件』(Arendt 1958) において、人間の活動力を「労働 (labor)」「仕事 (work)」「活動 (action)」に三分類したうえで、そのうち「活動」を、物や事柄の介入なしに直接人と人との間でおこなわれる唯一の活動力とみなし、複数性 (ないし多数性) という人間の条件―地球上に生きるのが一人の人間ではなく複数の人間であるという事実―に対応しているものと定義した (Arendt 1958=1994: 19–20)。つまり「活動」は言葉を使用し、他者を不可欠とする人間相互間の実践であり、これをとおして相互の差異や複数性が明らかになる。アレントの指摘にしたがえば、多数の人間の一人として生まれてくる人間は、複数性という人間の条件に条件づけられるものであるゆえに、他の人間といかなる関係を取り結ぶのが望ましいかという構想は、諸個人の〝善き生の特殊構想〟において重要な位置を占めざるをえない。そして、他者と取り結ぶ関係のなかでも、家族は特異な位置を占めている。自らにとって最も近いところにいる他者といかなる関係を構築するかは、個々人の人生にとって中核的な意味を有しているといえよう。このような「複数性」という人間の条件に鑑みても、法律的な家族を多元化することが、個人の自律の尊重に適うものと考える。

さらにいえば、アレントにしたがって「活動」が公的領域＝政治の領域に対応し、複数性という人間の条件に対応する活動力であるとすれば、公的領域においてこの複数性を保ち続けるためには、性別にかかわりなく人間相互の〝異なり〟そのものを保持することが必要である。アレントの「等しくない者の平等」は、公的領域における人格的アイデンティティを、多元的かつ反本質主義的なものと捉えることの重要性を呈示するものであったといえよう。[6] またその平等観は、男性的価値を人間の規範とする男性中心主義《アンドロセントリズム》と、男女の差異を本質主義的に強調するジェンダー本質主義（ないし女性中心主義《ガイノセントリズム》）というフェミニズムのアポリアを克服する可能性を示しうるのではなかろうか。

つまり、「平等」の基礎を自然的な属性に求めなければ、権利の問題を検討する前提として〝自然〟を論ずる必要はないことになる。前章で述べたように、女性のアイデンティティが性という〝自然〟によって定まるという、従来の生物学的本質主義をいかに反駁するかが、フェミニズムの重要な課題であった。平等の基礎を〝自然〟に置かないならば、生物学的本質主義をとるか、社会構築主義の立場をとるかは、権利の問題とはイレレヴァントなものとなる（野崎 2003: 98–99）。こうしたアレントの問題提起は、公的世界が等質性に解消されることのない抗争や複数性のただなかで営まれることを、示唆しているといえよう。

本章においては、「家族」を〝自然〟の支配する、〈正義〉とはイレレヴァントな領域と捉えるべきではないという第二波フェミニズムによるリベラリズム批判を端緒として、家族内の正義をその基点とする「フェミニズム正義論」の理論的可能性を探ろうとした。「家族」を自然的な不可侵の聖域と捉えてきたという、フェミニズムによる批判を投げかけられたリベラリズムには、その批判に応答して、新たな家族論を展開することが要請されている。そのためには、フェミニズムの視点を導入しながらリベラリズムの諸原理を捉え返し、再構成していくことが望まれよう。また一方においては、女性の特殊性を主張するフェミニズムが陥りやすい〝ジェンダー本質主義〟の罠を超克するために、リベラリズムの原理である「正義の基底性」や「自律の尊重」の理念が有効であることを見た。

たとえば前述のように、ルールは特定の善（good）の構想からは独立的に、権利＝正（right）に基づいて構築されるべきとする「正義の基底性」の理念は、諸個人の〝善き生の特殊構想〟と深く結びついている家族関係の形成や維持において殊に有効性をおびてくる。本章において展開したように、こうした諸原理の再考を伴いつつ、家族をめぐる新たな正義構想を第二波フェミニズムと現代リベラリズムの双方向から探る営為をとおして、「フェミニズム正義論」の構築がさらに進められるべきと考える。

フェミニズム正義論に固有の課題とは、法哲学ないし政治哲学のフェミニズム的解釈で擁護されるべき価値は何であるのか、という問いに直接関わることである。人間は社会関係や歴史性、あるいは人間の複数性にとらわれた存在であり、諸個人の自由も、それらの外側にあるのではない。たとえば性差について他でもありうる生き方に対する洞察は、おそらく人びとがジェンダーによっていかに構成され、差異化されてきたのかを知ることによって可能となる。性差によって振り分けられる別の生き方に想像力をもつことは、諸個人が偶然的に得たひとつの性を必然として生きるうえでの諸条件を緩衝するであろうし、また両性間の「公正」とは、そうしたジェンダーをめぐる想像力に支えられるべきものであるだろう。

すなわち、「フェミニズム正義論」がめざす究極の目的は、従来のジェンダー規範や性別役割分業に縛られない自律的な男女の個々人を、それぞれの〝多様な善の特殊構想〟を追求する存在として、ひとしく尊重することにある。しかし、そうした前提を基底としてさらに求められるのは、日常的な不公正感覚ないし正義感覚を基点とする、正なる人間生活のあり方とは何かを問いかける、フェミニズムの規範理論であろうと考える。

注

(1) なお同論文では、①の契約アプローチ論者として、G. S. Becker, W. Kymlicka, C. Shalev, M. M. Shultz, C. Weisbrod, L. Weitzman; ②の共同体アプローチ論者として、J. B. Elshtain, W. Galston, M. A. Glendon, M. C. Regan Jr, M. J. Sandel; ③の権利アプローチ論者として、S. M. Okin, M. J. Radin,

N. Hunter らの名があげられている（Minow & Shanley 1997: 104, n. 3）。

（2）吉澤（1993: 35）、および大沢（1993: 249）を参照。

（3）ギリガンらに代表される道徳理論は、ラディカル・フェミニズムやポストモダン・フェミニズムとともに、性差本質主義的な要素を含むいわゆる「差異派理論」に分類される。ギリガンは女性の男性との差異性（difference）を強調し、女性の道徳判断は、男性の視点から構成された従来の発達理論の枠組には適合しない異なるファクターが基本となっているとして、性差をふまえた普遍的理論構築の必要性を提言した。

（4）広渡らが一九九七年に実施した調査によれば、夫と妻の名義資産格差が七対三である一方、妻は夫婦の財産形成に関する自らの貢献度を五割以上と考えており（広渡ほか 1998: 80）、また夫・妻ともに夫の収入と資産を「夫婦のもの」とする「共同性の意識」が高い（ibid.: 165）。広渡はこの意識を、妻と夫が現在の社会的諸制度から生じる経済的不均衡を婚姻共同体のなかで処理する便法—不均衡回復の妥協点—であると仮定している（広渡 1999: 152）。

（5）Kymlicka（1991: 89–91）を参照。ここで言及されている LaFollette（1980）のほか、親業のライセンス化を肯定する論考として、Claudia P. Mangel, "Licensing Parents: How Feasible?," *Family Law Quarterly*, vol. 22, no. 1, 1998; Howard B. Eisenberg, "A 'Modest' Proposal: State Licensing of Parents," *Conneticut Law Review*, vol. 26, 1994 などがある。

（6）アレントは、公的領域（＝政治の領域）につきものの平等とは必ず「等しくない者の平等」のことであり、等しくないからこそ、これらの人びとは「平等化される」必要があるとする（Arendt 1958=1994: 342）。この「異なる者の平等」の理念は、異なる人びとの差異を減じて均一化するのでなく、差異あるままに人びとの公共領域での平等化を図ろうとするところにその特徴がある（野崎 2003: 98）。アレントによれば、公的領域においては人びとが「異なっていて等しくない」こと自体が重要なのであり、その人びとのあいだの平等こそが重要である。つまり彼女にとって、平等とは（自然的）差異をあえて無視ないし超克することを意味し、まさに自然の対極にある人為的制度によってのみ可能なのである（川崎 1998）。このようなアレント的平等の理念は、人びと間の差異が公的領域において拡大することを抑止する〝外在的な制約〟としての意義をもつものと思われる（野崎 2003：103）。

第三章　家族の多元化と親子関係

——契約概念導入の可能性

1　ジェンダー秩序の解体

——「近代家族」へのアンチテーゼ

これまで述べてきたように、リベラリズムをはじめとする近代以降の主流的な政治理論は、「非家庭／家庭」という領域区分を設定し、前者の政治社会を〝自然〟から切り離された公的な人間の組織、後者の家族を〝自然〟の支配する私的な領域として捉えてきた。そこでは〈家族〉が、主として母子間の血縁的紐帯からなる「親密で情緒的な自然関係の王国」として肯定的に仮定され、国家と労働からなる非人格的王国（＝男性世界）に対置されている（Flax 1989: 638）。つまり今日に至るまで、家族（ないし女性）は、とりわけ産業革命以降の競争原理が支配する冷酷無情《ハートレス》な、高度に機械化され工業化された社会における「最後の避難所」と位置づけられてきたといえよう。

この〈家族〉という結合体は、基本的に夫妻としての男女、および彼らの生物学的な子どもたちから成っている。そして家族内では、夫／父が妻子に対して「家長」としての権威をもつ代わりに、家族成員に対する経済的扶養の義務を負う。そして、こうした前提を強固に支えてきたのが、〝自然〟によってつくられる「前政治的（prepolitical）」な家族＝「私的領域」と、〝社会契約〟によって構成された政治＝「公的領域」とを峻別する近代的公私二元論であった（Minow & Shanley 1997: 85-87）。

一九六〇年代後半に興る「第二波フェミニズム」の思潮は、まさに〝不可侵の聖域〟とされてきた〈家族〉という制度のなかにこそ女性抑圧の根源があるとして、かの近代的公私二元論を鋭く批判したところにその始点をもつ。すなわち、近代における産業化の進展がもたらした「公的領域／私的領域」の分離とは、男性が市場での有償労働《ペイド・ワーク》（賃労働）に従事し、女性は無《アン》償労働《ペイド・ワーク》（家事・ケアワーク）に従事して稼ぎ手の夫を支え、労働力の再生産にあたるという、近代的な性別役割分業の発生とともに固定化されたものと捉えられる。つまるところ、現代フェミニズム理論の共通基盤は、〈家族〉を基点とする男女の固定的かつ階層的な性別役割分業の有効性に異議をしめし、社会的・文化的構造としての女性の劣位を、変革されるべき問題状況と捉えるフェミニスト・パースペクティヴの導入にあるといえよう（有賀 2000: 13-14）。

周知のとおり、一九七〇年代に「ジェンダー」（社会的・文化的性差）の概念を導入したフェミニズムは、性差ないし性別役割が、生得的ではなく社会的・文化的に構築されると捉える立場を共有している。そして殊にそれは、家族関係という、従来政治とは関わりがない《イレレヴァント》とされてきたものの〝政治性〟すなわち「家族の政治性」を可視化し、家族内における女性の役割の問題性を指摘した点で、画期的であった。

第一章第2節で述べたとおり、そうした家族の政治性を探るフェミニズム理論に共通の底流をなすものは、いわゆる「近代家族」へのアンチテーゼであるといってよい。前述のように近代家族とは、子どもが家族の中心となり、子どもの世話をする母親役割が神聖化された閉鎖的集団であり、そこでは〈家族〉という美名のもとに「母性愛」が至上の感情として神秘化されている。

近代社会を「人間を解放した社会」と規定する近代主義思想は一般に、封建的身分からの解放をその最大の長所としてあげるが、この解放の意味内容を実質的に保障しているリベラリズムの規範は、ジョン・グレイによれば「個人主義」「平等主義」「普遍主義」「改良主義」という四つの特徴である（Gray 1995: 86）。そこでは、諸個人の属性（人種・性別・学歴・家柄など）に関わりなく、各人の能力や業績によって地位や報酬が配分されるべきであり、かつ各人の属性に関わりなく、皆同じ規則や法が適用されるべきであると考えられる。これらの規範原則が、政治・経済領域（公的領域）においては凡そ正当化されてきた。だが一方、家庭生活領域（私的領域）においては、逆にこれらとは対立する規範―母性や愛情の強調、親子等の属性の強調など―の確立をみたのが近代社会であったといえよう。フェミニズムの、広く知られた「個人的なことは政治的である」という先のスローガンは前述のように、近代家族という私的領域の成立自体が、実は〝公的に〟設定された一つの権力作用であることの訴えであったといえる。

とすれば、その権力作用を解体するためには、公的領域に適用される「正義の原理」—自由、所得、機会、社会的地位、自尊心等を含む（物質的・非物質的）財の公正な配分に関する合理的基準—が、家族内においても適用されなければならない。そして、いわばフェミニズムが提起すべき公正な基準をもとめる「フェミニズム正義論」の究極にあるものは、おそらく従来の私的領域（＝家族）内部におけるジェンダー秩序（階層的な男女両性関係の仕組み）の解体であり、従来の性別役割分業からの男女の解放である。それは、ジェンダーに縛られない〝幸福追求権〟を万人に保障し、公的領域への女性の参画と、家事・ケアワークへの男性の参画とを実質的に促すものでなければならない。

そこで本章では、前章で見た諸個人の〝多様な善の特殊構想〟や〝自律の尊重〟を基盤とする契約アプローチが、従来の性別役割分業やジェンダー規範に縛られない自由で平等な家族の形成につながる理論的可能性を探り、子どもを含む家族関係に契約原理を適用することの法哲学的な基礎づけを試みてみたい。というのも、これまで家族内の「相互依存関係」を実際に維持してきたのは、おもに女性による一方向的なケアの供給だったからである。前述のとおり近代家族とは、まさに女性の自律性の縮小と、母役割への特化によって支えられてきたといえよう。こうした状況に鑑みれば、家族における女性の自律を尊重し、契約概念の導入によって家族成員の権利義務を明確化することは、女性を際限のないケアの供給から解放することに繋がるものと考える。

2 「ジェンダー論」が問い直すもの

「ジェンダー」すなわち〈女らしさ／男らしさ〉という社会通念や、それに基づいて設定された性別役割は、決して別々に存在するものではない。両者はつねに対比的に構成されているのである。〈女らしさ〉（端的には養育責任の遂行）を問題にすることは、必然的に〈男らしさ〉（端的には経済的責任の遂行）を問題にすることにつながってくる。言い換えれば、女性のジェンダー特性が家事・育児役割、つまり「人の世話をする」「人の自己実現や成長をサポートする」という性格に結びついているのと対比的に、伝統的な「男性役割」が、「家族を守る」「妻子のために稼ぐ」といった、家族の経済的責任と結びつけて考えられている（江原・山田 2003：45）。

したがって、男女の性別秩序を関係論的に考察しようとする「ジェンダー論」のもっとも重要な課題のひとつは、家族における「女性役割＝養育責任／男性役割＝経済的責任」という従来の典型的・固定的な性別役割分業の解体ないし相互乗り入れにあるといってよい。つまりジェンダー論の目的は、両性関係の不均衡な仕組みによって生ずる抑圧からの、女性と男性の解放である。ここでは言うまでもなく、〈男らしさ〉からの解放を経済的責任の放棄、また〈女らしさ〉からの解放を養育責任の放棄と同一視するのは明らかな誤りである。どちらの責任も、家族生活を営む以上は放棄しえないものといえる。それゆえにこそ、「家族の責任分担のあり方」を再構築することが、ジェンダー論の大きな課題となるのである（江原・山田 2003: 48）。

「女性学」とともにジェンダー論の一翼を担う「男性学」において、男性役割のつらさとして焦点化されるのは、家族のなかで「経済的責任」を一人で背負うことの重圧である。そこでは、一家の「稼ぎ手役割」や公的領域における「競争原理」に結びつけられた〈男らしさ〉というジェンダーの縛りからの解放が、現代日本社会を変えるための重要な条件のひとつであり、また男性自身の「人間らしい」生活にも繋がるものであるという視点が示唆されている。なぜなら、戦後の「企業中心社会」のなかで、多くの男性は家庭や地域社会での生活を奪われてきたからである（伊藤 2002: 31）。しかし、それらを取り戻すためには、さまざまな課題が控えている。現在のような長時間労働の仕組みや雇用慣行を維持したままでは、男女が対等に社会参画し、対等に家庭・地域を担うことは困難である。男女が共に「家族的責任」を果たせるようなゆとりある労働時間と、子どもや高齢者のケアを支える社会的サーヴィスの整備・拡充が不可欠といえる。

たとえば本書第一章で述べたように、ノルウェーやスウェーデンなど北欧諸国では「パパ・クォータ制」（父親への育児休暇割当制度）の実施によって、父親による育児休暇の取得が進んでいる。ちなみに、一九九三年に世界で初めて同制度を導入したノルウェーでは、二〇〇三年の時点で資格ある父親の九割が当該制度を利用している（厚生労働省ホームページ「報道発表資料」二〇〇四年九月二四日）。またＥＵ（欧州連合）全体でもとくに一九九〇年代以降、子育てや介護といったケア役割を担う「ケアラーとしての男性」の意義が注目され、職場と家庭双方における性別役割分業の解体を図る「仕事と家庭生活の調和（ワーク・ライフ・バランス）」政策が進められていることに、再び留意しておきたい。

加えて戦後日本社会で一般化した、終身雇用・年功序列賃金体系が揺らいでいる今日、失業や収入の不安定化といった生活リスクに出会う確率が急激に高まっている。こうした生活リスクに対する最大の備えは、男女の性別に関わりなく、仕事・家事能力をお互いが身につけておくことである。その意味で近年提起されている「男女共同参画社会」の構想は、いま生じている家族生活のリスクへの対応として現出してきたものと捉えることができよう（江原・山田 2003: 79-80）。

これに関連して、「国連女性の十年」（一九七六～八五年）を背景に、一九七九年の第三四会期国連総会において採択された女性差別撤廃条約（「女子に対するあらゆる形態の差別の撤廃に関する条約」）は、上述の認識を大きく裏づけるものといえるであろう。同条約は、世界行動計画に示された「固定化された男女役割分担観念の変革」という新たな理念をその基盤に据えている。この基本理念を、女性の人権という側面からバックアップしている同条約の締約国は、二〇〇九年五月現在で一八六ヵ国を数え、国際的にも大きな影響力を有している。日本政府も同条約を、国会の承認を経て一九八五年に批准した。批准国は国内法規等の整備を義務づけられており、わが国でも、男女雇用機会均等法や育児・介護休業法の制定、国籍法の改正（父系優先血統主義から父母両系血統主義へ）、家庭科カリキュラムの男女共修化などがおこなわれている。

同条約は、その前文で「子の養育には男女及び社会全体が共に責任を負うことが必要」（第一三パラグラフ）であり、「社会及び家庭における男子の伝統的役割を女子の役割とともに変更することが男女の完全な平等の達成に必要」（第一四パラグラフ）であることを宣言し、これを受けて第五条では、「（a）両性いずれかの劣等性若しくは優越性の観念又は男女の定型化された役割に基づく偏見及びその他のあらゆる慣行の撤廃を実現するため、男女の社会的及び文化的な行動様式を修正すること」を求めている。

また女性差別撤廃条約は、女性に対する差別を、「性に基づく区別、排除又は制限」のうちどの形態をとるものであっても、「政治的、経済的、社会的、文化的、市民的その他のいかなる分野においても」存在するものと捉え（第一条）、また第二条では、「（e）個人、団体又は企業による女子に対する差別」を撤廃し、「（f）女子に対する差別となる既存の法律、規則、慣習及び慣行を修正し又は廃止するためのすべての適当な措置（立法を含む）をとること」を求めている。これらの規定によって、「区別は差別ではない」という議論に終止符が打たれ、また法的な差別のみならず、差別的な偏見を含むあらゆる慣習や慣行の撤廃の実現がめざされることになった。

さらに、一九八一年に採択されたＩＬＯ「男女労働者特に家族的責任を有する労働者の機会均等及び均等待遇に関する条約」（一五六号）および勧告（一六五号）も、男女とも平等に家族的責任があることを明示して、家庭責任を持つ「男女労働者」への支援を国家に求めている（日本は一九九五年批准）。つまりＩＬＯ一五六号条約は、男女労働者の職業・家庭生活の両立を謳うものであり、またそこにおいては「家族への責任」が、「私生活への権利」と見なされていると捉えることができよう。したがって、たとえば男性にとっての長時間労働、私生活を考慮しない転勤命令、事実上取得しにくい育児休業制度は、その私生活への権利（ないし子育ての権利）を侵すものということになる。配偶者が出産した男性労働者の育児休業取得率が一・七二％（厚生労働省「平成二一年度雇用均等基本調査」）という状況を省みるならば、父親の家族的責任を法的・社会的にどのようにバックアップし強めていくかが重要な課題であることがわかる。

すなわち、上に述べた二つの条約は、男女の平等を「自由権」としてのみならず、「社会権」（つまり人間らしく生きる権利）として保障することを国に義務づけていると解しうるであろう[1]。したがってここにおいては、個人として自立できる賃金を保障する女性の労働権の確立と、男性労働者の私生活への権利の確保とが不可欠であり、その実現を指向する家族政策の展開が望まれる。また、諸個人の多様な〝善の構想〟に基づいた自由な生き方を側面から支援する家族法のあり方が求められよう。つまり二つの条約においては、「男は仕事／女は家事・育児」という従来の典型的・固定的な性別役割分業の枠組みに縛られない自律的な〈個人〉が、男性も女性も、各人の個性に応じた生き方を追求し選択することのできる社会のあり方が望まれ、男女の法的な平等を基盤とする、実質的な男女平等の達成が求められているといえる。そこでは、まさに「ジェンダーの衡平」とは何かが問い直されなければならない。

3　ジェンダーの衡平を考える
——男女役割の相互乗り入れ

第一章で見たように、ナンシー・フレイザーは「ジェンダーの衡平（gender equity）」を、①反貧困原則、②反搾取原則、③収入の平等原則、④余暇時間の平等原則、⑤尊敬の平等原則、⑥反周縁化原則、⑦反男性主義原則、という七つの規範的原理の複合物であると定義した（Fraser 1997: 45）。彼女は、男性の稼ぎ手に妻子を養いうる「家族賃金（family wage）」を与えるという従来の前提が揺らいできた今日、ジェンダーの衡平に適った代替的な福祉国家像が必要であるとして、「普遍的ケア提供者モデル（universal caregiver model）」（女性［＝主要なケアワーカー］に男性を近づけ、女性の現行生活パターンを、万人にとっての規範とするモデル）を提唱している。ここで、少しふり返ってみよう。

フレイザーによれば、ほかに二つの代替案があり、第一は「普遍的稼ぎ手モデル（universal breadwinner model）」（有償労働の男女平等モデル）であるが、女性が現在担っている全ての家事・ケアワークを市場や国家に移転しうるというその前提が非現実的であり、たとえば家族の緊急事態への対応や、諸々の無償労働を調整する務めは、最終的に移転不可能なものである。同モデルには、そうした務めを男性にも公平に分担させるように無償労働の価値を高めるインセンティブ（誘因）

を何も与えないという問題点が残る。また第二の「ケア提供者等価モデル（caregiver parity model）」（インフォーマルなケアワークに対して国家が有償労働相当額の手当を支払うことによって支援するモデル）は、女性とインフォーマルなケアワークとの結びつきや、性別役割分業そのものを解消しない。したがって女性の働き方は、フレキシブルで非継続的な低賃金労働や、パートタイムの労働を選択する従来の傾向を保ったままとなる（ibid.: 45–49）。

フレイザーの指摘するとおり、「普遍的ケア提供者モデル」を採ることが、現存する「稼ぎ手／ケア提供者」という典型的・固定的な性別役割分業を解体し、社会秩序の構成原理としてのジェンダーによるコード化を除去することを意味していよう。女性はこれまで、家事・ケアワークの負担によって、継続性や生産性に乏しい労働者として相対的に労働市場へのアクセスを制限され、結果としてたとえば夫への経済的依存を余儀なくされてきたといえる。こうした男女の権力関係にも繋がる非対称構造に照らすならば、現行の性別役割分業の構造に何ら変化をもたらさない「ケア提供者等価モデル」は、ジェンダーの平等の実現にとって不十分である。

一方「普遍的稼ぎ手モデル」は、具体的には育児施設や地域のデイ・ケアセンターの整備拡充、あるいは家事の外部経済化などに集約され、すでに多くの議論が重ねられてきた。しかしこのモデルは、女性の有償労働への参加を促す点では比較的に優れているが、先述の移転不可能な無償労働を依然女性が負担し続けるかぎりにおいて、女性が雇用労働に加えて家事・育児を担う、つまり有償労働と無償労働との二重負担を受けもつ非対称の構造には変化をきたさないことになる。このことは、近年顕在化してきている「男は仕事／女は仕事と家事・育児」という「新・性別役割分業」とよばれる状況に繋がる危険性をはらんでいる。この非対称構造を変えるためには、女性が担ってきた無償労働を、男性も同様に分担することが肝要であり、フレイザーの提唱する「普遍的ケア提供者モデル」に照らして社会意識を喚起し、社会制度の仕組みを整えていくという基本的視座が必要であると考える。すでに述べたように、このモデルは「普遍的稼ぎ手モデル」とは異なって、ケアワークの分担を社会（ないし市場）や国家のみならず、家庭という従来の私的領域も含めた三者に適切なバランスで担わせることを示唆するものといえる。

本書第一章においては、この「普遍的ケア提供者モデル」の実現―有償・無償労働の男女均等な分担―に資するような諸政策の導入が、ジェンダーの衡平に適っていることを見た。そこでは前述のとおり、たとえば共働き家庭へのインセンティブを与えるような税制上の立案・措置をはじめ、女性の就労を促進するような家事・ケアワークの社会化やポジティブ・アクション（積極的改善措置）、あるいは労働時間の短縮やフレックス化を含む勤務条件の整備等の施策が導き出される。

つまりこのアプローチにおいては、家事・ケアワークという〈家庭責任〉、および世帯所得の獲得という〈生計維持責任〉はいずれも責務とみなされ、男女がともに、従来の性別役割にかかわりなく、生産と再生産の諸局面に貢献するよう均等に義務を負わされていると捉えられる。言い換えれば、世帯所得獲得に対して女性が男性と等しい責任を分担するのと同様に、男性がケアワークに対して女性に等しい責任を担わなければならない。

先述のように同アプローチの利点は、責務（obligation）というファクターの導入にある。「機会」は必ずしも果たされなくてもよいが、「責務」は必ず果たされなければならず、また責務は、それにみあうだけの機会（もしくは手段）があるということを想定させる。したがってこのモデルの下では、たとえば男女均等な家事・ケアワーク分担を可能ならしめる男女両性の育児・介護休業取得の義務化や、フレックス労働時間制、あるいは職業再訓練機会等の拡充といった制度的条件の整備、ひいては企業文化の変革が必要となる（有賀 2000: 94）。

このように「普遍的ケア提供者モデル」は、他の二モデル（「普遍的稼ぎ手モデル」「ケア提供者等価モデル」）に比して、女性の経済的依存性をより根元的に解消するための推進力を有している。またこの選択肢の採用は、ケアワークないし家庭内福祉に対する男性の関与の増大や、賃労働における男女の所得格差の縮減、あるいは社会的に有効な福祉事業の拡大を導くことになろう。同モデルは、「ワーカーとしての女性」と「ケアラーとしての男性」との相互乗り入れ、つまり男女が共に稼ぎ手（breadwinner）であり家庭管理者（homemaker）たることを促そうとするものといえる。

たとえば柏木惠子は、男性もケアの主体になることの意義について述べている。すなわち、これまで男性の多くは、ケアの主体として育ってこなかった。ケアをするには、弱い者、衰えている者が何を求めているか、何をすることが必要かを敏感かつ的確に把握する心と、その必要や求めに応えて行動する力が必要である。病人や高齢者が感じている苦痛や不快をいかに除去・軽減できるか、どう援助すればよいかという発想が男性の身についていないのは、男性が一生のうちにおいて、ケアする側ではなく、ケアされる側として遇されていることが多いことに要因が求められる。柏木によれば、たとえば「父親をする」体験は、その行為者自身に、他の活動では得られない成長・発達をもたらす。父親の育児時間の長さが父親自身に及ぼす影響をみた研究においても、共感性、ストレス対処能力、生き甲斐、自尊感情などが育児量と正相関していることが確かめられている（柏木 2011: 48–49, 66–67）。

4　ポスト近代家族のゆくえ
——諸個人の多様な善の尊重をめぐって

家族単位から個人単位のプライバシー擁護へ

ところで、「個人的なことは政治的である」という先のテーゼは、公私の領域区分それ自体を悉く放棄することや、公的領域と私的領域とを全く同質化することを意味しない。ここで留意すべきは、他者との親密な関係を築いたり、社会的役割を一時的に逃れるために、プライバシーの権利はきわめて重要なものであり、かつプライバシーは、従来のように統一体《ユニット》としての〈家族〉ではなく、あくまで〈個人〉を単位とすべきものである、という点であろう。

なぜなら、家族単位のプライバシーは、その内部における男女の不平等や子どもの福利侵害を隠蔽し、維持することに繋がりかねないからである。つまり「家族の自律性」の強調は、家族成員のうちの弱者が強者によって支配されることを国家が放置するという機能を果たす場合がある。とりわけ今日深刻化するドメスティック・バイオレンスや児童虐待などから〈個人〉を護るためには、プライバシーは「個人の権利」であるとする個人化の方向をとることが望ましいと思われる。

そして、こうした個人化の方向をとる場合、個人権をベースとしたうえで、たとえば家族を個人の自発的な結社に近づけて捉え、国家をはじめとする公権力から個人を保護する〝防壁機能〟を果たさせようとするアプローチが、ケネス・カーストのいう「親密な人的結合の自由」から導かれうるであろう（Karst 1980）。「親密な人的結合（intimate association）」とは、個人が他者と取り結ぶ密接な個人的関係で、婚姻ないし家族の関係に匹敵するものと捉えられるが（ibid.: 629）、この立場は、従来公的領域に位置づけられてきた「市民的結社」の理念を拡大していく理論的方向性をもつ（中山 1999: 137）。つまり、こうした結合の自由を観念することで、必ずしも血縁や性愛を基礎としない、さまざまな選択縁を介した家族類似の結合を取り結ぶ権利に憲法上の保護を与え、家族の多元性を尊重しようとするものといえる。そして、この「親密な人的結合の自由」から導かれるのは、〝ポスト近代家族〟の一形態としての「非血縁家族」の擁護、つまり個人権を基本とする家族の個人化による「家族の多元性」の尊重である。

とりわけ個人単位のさまざまな法的保護のみならず、法律上の家族の多元性も確保されていないわが国の現状の下では、特定の形態の家族のみを法的に保護する非中立性を回避するために、法律上の家族と事実上の家族間で、取扱いの差別を設けないことも考慮に入れられる余地がある。個人の生き方に関する選択の自由を縛らず、家族成員間の対等な関係および子どもの福利を保障する家族法のあり方が望まれよう。それは、法律婚否定の立場を意味するものではなく、法律上の家族を多元的に構成することを要請するものである。個人の多様な生き方や選択肢を尊重するためには、諸個人の多様な〝善の（特殊）構想〟—「善き生」をめぐる幸福観や人生設計—と、社会システム上の公正との峻別が必要と考える。すなわち、社会のシステムとして諸個人の多様な選択肢を保障し、側面から支援する方向性をとることが、家族法の望ましい姿であろうと思われる。

家族関係／家族法の概念化に関する三つのアプローチ

さて、個人権に基づく「親密な人的結合の自由」を公的／私的領域区分の境界線上に設定しようとするならば、いったん個人単位に解体された家族から、〈家族〉という結合をいかに再構築するかが次の課題となる。前章で見たとおり、ミノウとシャンリーによれば、今日の社会における家族関係および家族法の概念化については、①契約アプローチ、②共同体アプローチ、③権利アプローチ、という三つのアプローチ間での論争がある（Minow & Shanley 1997: 85）。

前述のように、これらのうちミノウらは第三の「権利アプローチ」を支持しているが、ここでは同アプローチと「契約アプローチ」との融合の可能性について検討してみたい(2)。

少しふり返ってみると、まず契約アプローチは、家族関係を私的な〈契約関係〉に基づいて捉えるものである。それは、諸個人の自由に対する権利を基本とし、その権利が、自己の意思に基づいて請負った義務（obligation）によってのみ制限されるというリベラルな社会観を前提としている。こうした捉え方は、伝統的な性役割に縛られない（ライフスタイル等の）自己決定権、および家族生活に関する多元主義に適うものであり、たとえば同性婚など種々の選択縁による多様な家族のあり方への基礎を提供する。したがって、従来のジェンダー・ステレオタイプ、ないしジェンダーの階層性を内包する家族観を解体し、養子縁組や代理出産契約などをも含む、家族の形成における選択の範囲を広げるという利点をもつ（ibid.: 88-89）。

それに対して、ミノウらの支持する「権利アプローチ」は、諸個人の自由に対する権利を家族関係内部にまで拡張し、家族の多元性を奨励しようとするものである。ミノウらによれば、もとより家族法は「家族生活」と「家族と国家との関係」という二つの複雑な特徴を考慮しうるような諸原理に基づかなければならない。つまり個人は、紛れもない個人（distinct individual）であると同時に、基本的に「依存・ケア・責任の関係」に巻き込まれた人格（person）であると見なされるべきである。また家族は、私的な結合（association）であると同時に、政治的な秩序によって形成される独立体（entity）であることが考慮されるべきである。このような観点から、彼女らは自由に対する「権利」を（自律的な諸個人そのものではなく）、何らかの公益性を伴う、保護に値する家族関係をなす各成員に属するものと見なしつつ、さまざまな程度の人的親密性の関係から生起するいわば「親密な人的結合」に基づくものとしての権利観を打ちだしている。こうして彼女らによって提唱されるのが、家族関係の〝非契約的〟な側面、つまり「相互依存（interdependence）」の関係とその前提条件に着目する「関係的権利・責任の理論（a theory of relational rights and responsibili-ties）」であり、それは、人的諸関係の領域を切り拓く権利を人びとに与え、そのことによって上部コミュニティからの扶養を引きだそうとするものである（ibid.: 99-102）。

家族成員の「自律性」と「関係性」

この、家族内の〝相互依存関係〟という論点から導かれる「関係的権利・責任」論は、先述のようにキャロル・ギリガンらの提唱する〈ケアの倫理〉をその基盤としたものである。そこでは、ケア活動が人間の道徳的義務として捉えられ、「依存・ケア・責任の関係」に基本的に巻き込まれた主体としての人間像が重要視されている。「契約アプローチ」が家族関係の複雑な〝相互依存関係〟を捉えきれないというミノウらの批判は、契約アプローチの〝自律的〟な人間像をめぐるものといえよう。つまりそこでは、家族内の〝相互依存関係〟が強調され、複雑な家族関係を「個人の意志（individual volition）」のみに基づいて把握することはできないという批判が展開される。

前述のとおり、ギリガンの所説によれば、女性のモラリティは〝ケア活動〟をめぐって発想される、〈責任と関係性〉に基づく道徳律を中軸とする「責任のモラリティ」である。それは、結合よりも分離を基礎とし、関係よりも個々人を最優先して考える〈権利とルール〉に基づく道徳律を中軸とする男性の「権利のモラリティ」と対照をなしており、ケアの倫理の基底にある心理的な論理は、正義のアプローチを基底とする公平さの形式論理と対照的である（Gilligan 1982: 19, 73）。こうして、いわば男性原理としての〈ルール＝ヒエラルキー〉に媒介された自律的個人の集合と、女性原理としての〈コミュニケーション＝ネットワーク〉で形成された親密圏との対照的なイメージを軸とする男女の認識構造の差異の指摘によって、〝結合の維持〟を優先する生命肯定的な倫理、ないし生活の具体的細部を尊重する倫理といったフェミニストの新たな政治倫理が提起されてきたのであった（本書第二章第3節参照）。

しかし、こうした家族成員個々人の「自律性」よりも「関係性」を重んずる捉え方は、家族成員の権利義務関係の明確化を不問に付す一方、家族関係は家族成員間の〝愛情〟に基づく紐帯によって営まれるものであるという、従来的な規範や観念の強化に繋がりやすい。そしてここで留意すべきは、「自律性」を男性原理に、「関係性」を女性原理に結びつけて捉えることの危険性であり、また「ケアラーとしての男性」という視点を組み入れることの重要性である。近年の家族関係をめぐる社会学的研究は、家族＝愛情という強い規範性をもつ「家族としての愛情」の強調が、女性に対して抑圧的に働くメカニズムを指摘している。

家族内における〈相互依存関係〉重視の問題性

たとえば山田昌弘はつとに、家族という存在自体が「愛情をあおる装置」であると論じている（山田 1994: 10）。すなわち近代家族は、家族成員に情緒的満足を得させる責任を負わされていると いう意味で、社会や個人にコントロールできない「感情」という不安定な要素をその原則としており（愛情原則）、そうした構造的な危うさを緩和する重要な装置が、家族の責任と感情を結合させる一つの「イデオロギー」である。つまり、家族問題を発生させないためには、「一方的に家族の責任を負担する人びと」に家族の責任をできるだけ担わせ、かつ負担者から不満が生じないようにする必要がある。そのために設けられているのが、「家族責任を負担すること＝愛情表現」というイデオロギーであり、さらにこのイデオロギーは、もう一つの「家族であれば愛情が自然と湧くはず」であるというイデオロギーによって補強・安定化され、人びとを「愛情の強制」という圧力にさらすことになる。そしてこれに、女性は本来「情緒的存在」であるという神話が結びつけられ、女性は家族への「自然」な愛情表現として家族の世話を自発的に引き受けるものという推論が導き出される（山田 1994: 61-70）。

また「介護」をめぐって春日キスヨは、家族愛を強調する「愛情中心家族」とは、高齢者介護が必要となった際、市場労働の基幹労働者たる息子世代を市場に留めるべく、老親の介護から息子世代を遠ざけるように作動する方向でつくられた制度であるという。すなわち、「愛情」が強調される家族においては、女性成員に介護役割を担わせ、男性成員を介護役割から遠ざける力が働いている（春日 2001: 43）。

こうして、おもに〝情緒的存在〟である女性が、脆弱（vulnerable）な他者を世話する責任を引き受けるべきであるという規範を強化する〈ケアの倫理〉の陥穽が照らしだされる。もっぱら家族関係における〝相互依存性〟を強調し、〝自律〟に十分な価値を認めないことは、女性に抑圧的に働く家族愛のメカニズム（ないしパラドックス）を強化させる危険性をはらんでいる。前述のとおり、とりわけケアワークは、あらかじめ区切りをつけられない高密度の労働である。高度な専門性を要する社会的有用労働（すなわち「ディーセント・ワーク」＝働きがいのある人間らしい仕事）として正当に位置づけて、たとえば高齢者への虐待を未然に防ぐためにも、家庭外部の社会福祉サービスが直接担うような制度的整備が不可欠であろう。そのうえで、先の「普遍的ケア提供者モデル」（女性「＝主要なケアワーカー」に男性を近づけ、女性の現行生活パターンを、万人にとっての規範とするモデル）を導入し、「ケアラーとしての男性／父親」をとりこむ視点が重要ではなかろうか。

その一方で、個別的な家族における無償労働の分配にあたって「個人の自律」の観念を尊重するならば、家族内における無償労働の分担は、原則的に家族成員間の「契約」という自発的《ボランタリー》な手続きを以て決められるべきものと考える。そこでは、家族成員間の「契約」による無償労働の分配が、家族成員の負う権利・義務を明確化するという意味で、従来的な女性の不利益を縮減するポジティヴな機能を果たしうるものと思われる。

5　家族形成の契約化
——子育てに関する「信託原理」を媒介に

親業の契約化をめぐって

「契約的家族観」を擁護する安念潤司によれば、その主意は①個人の自己決定権を尊重するのであれば、法律婚のみに特別の地位・特別の保護を与えるべきではない、②家族関係の形成を各人の自由に委ねるとは、とりもなおさず、それを契約関係に委ねることである、③婚姻の無期限性・無条件性は否定される、④パートナーの選択も無制限に自由となる、⑤法律の役割は、標準的・正統的婚姻関係を定立して、人びとをそこに向かって慫慂《しょうよう》することではなく、締結された契約をエンフォースすることに止まる。なお、ここにおいて、親密（intimate）な結合関係の形成を自由な契約に委ねたとしても、従来型の法律婚を維持したいと思う者は、そうすることを何ら妨げられず（当事者間でその約束を取り交わす）、当分は社会の多数派たる地位を失いもしないであろうから、現状に比較してその効用を毀損されるものではない（安念 2002: 23）。すなわち「契約的家族観」とは、家族成員相互間の権利・義務を「契約」によって定めることを推奨するものであり、たとえば条件・期限付婚姻や同性婚を含み、また多様な家族のかたちを導きうるものである。

ところで、前章第5節で述べたように、「契約」を基礎として家族関係を法的に捉える場合、つねに重要な問題点として投じられるのが、複雑な相互依存関係を含む家族関係は、契約によって捉えることになじまないという批判である。つまりそれは、家族内で個人化ないし〝自律性〟の方向を推し進めることが家族の〝共同性〟を破壊するのではないかという危惧に結びついている。アイリス・M・ヤングによると、こうした「契約アプローチ」に対する批判は、具体的には第一に子どもとの関係は、契約に基づいて捉えることになじまない、第二に家族関係は選択によるものに限らないため、明確な意思に基づく契約関係で捉えるのは不適切であるというものである（Young 1997: 108）。たとえばスーザン・M・オーキンは、性や生殖に関する条項も含めた当事者間の合意を第一義とする完全な婚姻契約化の立場は、殊にその関係から結果する子どもの福利に適わないという（Okin 1989: 173）。つまるところ、「子どもの福利に抵触する」ことが、契約化制限の最も重要な理由であるといえる。

一方ウィル・キムリッカによれば、端的にいうとリベラリズムは、「正義の制約内での契約の自由」を信ずるものであり、自らのどの才能を発展させ、また市場においていかなるサービスを売買するかの選択は個人の自由に任されている。したがって、こうしたリベラリズムの理念を家族にも一般化すれば、性、結婚、および親業（parenting）の契約化が要請（ないし少なくとも許容）されるはずであるという。すなわち彼によれば、子どもを産み育てる自由は、権利というよりむしろ責任であり、子どもの利益を増進するような仕方でのみ行使しうる「信託（trust）」である（Kymlicka 1991: 87–88）。とすれば、たとえば前述のとおりヒュー・ラフォレットも提唱するように、現に養子縁組の際におこなわれる資格審査などから、「親業のライセンス化」も導かれうる（LaFollette 1980）。

ここで親業（parenting）とは、「親の役割を果たすこと」を意味している。心理学の知見によれば、子どもに対して母親の役割を果たすこと（母親業 mothering）と父親の役割を果たすこと（父親業 fathering）との間に、普遍的で確固とした違いを見出すことは困難である。親の役割、つまり扶養・教育・情緒的サポート・世話のいずれも両性に可能であり、また実の親に限られるものでもない（井上ほか編 2003: 55）。「親子」の本質としては第一に血縁が考えられるが、血縁のみがすべてではなく、血縁のない親子関係も多数存在する。(3) つまり、生物学的親子と法律学上の親子とは異なるのであり、法律上の親子の意義は、社会的存在として親子をどのようなものと把握するかにかかっている。上述のように「親業」とは、ジェンダー中立的に血縁幻想を超えて、親としての機能を表わす概念であり、またそこから導かれる「親性／育児性（parenthood）」とは、「母性（motherhood）」「父性（fatherhood）」という表現に対して女性・男性にかかわらず子どもを育てる能力をさすものである。そこでは、「血がつながってこそ親子」という社会通念の変更も要請されよう。

子育てに関する信託原理

先のキムリッカは、家族の多元化擁護の観点から、上に述べた「親業のライセンス」を伴う契約家族をも含めて、家族形成の契約化を肯定的に捉えている。彼は親子関係に「信託原理」を導入することによって家族形成に関する契約の自由を擁護し、家族形態の相違に応じて契約の制限基準を変えることなく、それぞれのケースについて個別・具体的に子どもの福利の判断をおこなうという方向性を示唆しているといえよう（Kymlicka 1991: 91-94）。このように、〈契約の自由〉の尊重によって家族の多元化を擁護しつつ、子どもの福利については〈信託原理〉によって個別・具体的に対処し、「家族の多元化」と「子どもの福利」という二つの要請のバランスを図っていくというキムリッカの方向性は、基本的に妥当であろうと考える。

家族関係の構築に関する諸個人の構想は、それぞれの〝善の特殊構想〟（幸福観や人生設計）において、まさに要の部分をなすものといえる。したがって、個人の自律を尊重する見地からは、家族関係構築の自由を尊重することが肝要であろう。ある特定の善の構想に基づいて、多様な家族関係の構築を制限することは、個人の自律を著しく損なうおそれがある。それゆえ、いかなる善の特殊構想からも独立的な、家族形成に関する契約の自由が尊重されなければならない。そのうえで、信託原理に基づいて個別・具体的に文脈依存的な子どもの福利の判断をおこなうというキムリッカの示唆は、他方の要請である「子どもの最善の利益」（子どもの権利条約三条一項）への配慮にも適うものと考える。(4) さらにこの捉え方は、前述の「権利アプローチ」における家族成員の「責任」遂行の要請にも応えうる要素を含んでいる。

「信託」（ないし「信認関係」）とは、受託者が受益者の利益を図る義務を負い、強い公的介入が求められるものとして捉えられる。こうした信認関係の特質は、いわば〝強者による弱者の要保護義務〟に基づく責任原理の妥当する「親子関係」になじむものと考えられよう。たとえばわが国においても、「親権」は未成人子の保護・育成のための親の義務と解されている（奥山 2000：75）。つまり、子どもの判断能力の未成熟さを根拠として、未成人子については、親子関係を契約関係ではなく、子どもの最善の利益を増進するような仕方でのみ行使しうる「信託」類似の関係として捉える一方、それ以外の家族成員間においては、個々人の権利義務を明確化するという観点がとりわけ重要であり、信認関係よりも「契約」をその構成原理とすることが望ましいと考える。したがって成人子に対しては、親子関係の契約化による規律が可能であり、契約関係が妥当する。(5)

「信託原理」を支える基盤

では、子どもの福利に適った、子育てに関する「信託原理」を支える基盤は、何に求められるべきなのだろうか。

近代市民法の成り立ちが財産権の自由、精神的自由、人身の自由という三つの自由を根幹としていたのに対して、現代的人権は、それらの自由を基礎としながらも、基本的に〝人間らしく生きる〟権利を保障するところにその特徴がある。したがって、たとえば「人間の尊重」を基本理念とする人権保障のための憲法において、教育を受ける権利（憲法二六条）は、憲法二五条の「すべて国民は、健康で文化的な最低限度の生活を営む権利を有する」という生存権的基本権のいわゆる文化的側面として、国民の一人ひとりにひとしく教育を受ける権利＝学習権（right to learn）を保障したものであると捉えることができよう。この教育を受ける権利と同趣旨の規定は、世界人権宣言二六条や国際人権A規約一三条にも置かれている。

そして、教育を受ける権利のなかで、その最も具体的かつ切実な形態は、「発達の可能態」としての子どもの学習権であり、子どもにとって学習の権利は、その人間的な成長と発達の権利と不可分のものであるといってよい（永井・今橋 1985: 119）。もし子どもの学習と発達の権利が充足されなければ、将来における職業選択の自由（憲法二二条）の幅や、幸福追求の権利（同一三条）も実質的に制約されることになる。それゆえ、憲法が等しく国民に対して「教育を受ける権利」を保障するという趣旨は、親の「経済的理由」に関わりなく、権利主体としての全ての子どもがその個性に応じて、自らの力で独立した社会生活ができるように、その基礎となる能力や技術や意欲を一人ひとりに習得させることを国の責任で実現しようとすることにあるといえよう（永井・堀尾 1984: 2）。したがって、国家・公的機関との関係において子どもの学習権は、発達それ自体の人権性を前提に、学習内容の自由権性と同時に、学習条件整備の社会権性をも内包しているものと把握しうる（永井・今橋 1985: 121）。

すなわち、「発達の可能態」あるいは「育つ主体」としての子どもが、将来においてその人間性を十分に開花させるよう自ら学習し、真理・真実を知り、自らを成長させることは、子どもの生来的な権利であり、その生来的権利としての学習権を保障するために適切な教育を用意することが、親を中心とする社会全体の課題であると捉えることができよう。言い換えれば、「親を中心とする社会全体」が、次代を担う〝新しい世代〟の学習と発達の権利を保障する責務を負っているのである。

ところで、民法八二〇条の規定は、親の教育権が「親権」の一部に相当することを示すものであるが、そこで重要なのは、親のわが子を教育する自由・権利が、それ自体として憲法上の人権であると捉えることである。その根拠は、子どもの「健康で文化的な」生活を営む権利（憲法二五条）、生存権の文化的側面としての「教育を受ける権利」（同二六条）を始源的に保障する親の地位、および子ども・父母の「幸福追求権」（同一三条）等に求められよう（永井・今橋 1985：101-102）。そして憲法的枠組みの下で、民法八二〇条の監護教育権・義務をめぐって、親権の濫用に該当しない教育営為は「親の教育権」としてどのように位置づけられるかという問題が、子どもの学習権保障の視点から問われなければならない。ここでは言うまでもなく、権利主体である「子どもの能力の発達と一致する方法で」（子どもの権利条約五条）、「子どもの最善の利益」が第一次的に考慮されなければならず（同条約三条一項）、親がこれを恣意的に行使することは許されないものと捉えることが肝要であろう（神田・兼子 1997：47）。

「発達の可能態」としての子どもは、学習によって人間らしく成長発達していく人権の最たる主体であり、また子どもの人権とは、その現在の生存の保障とともにその将来に亘っての人間的成長・発達の権利を中軸とするものであるといえる。人権の基底としての生存と生活の権利は、子どもにとっては、その発達の各段階にふさわしい人間的発達と学習の権利を含んではじめて有意義なものとなる。そしてこのように、いわば「子どもの発達権」を子どもの人権の核心とする捉え方は、「子どものケアされる権利」(well-being の維持) と、それと表裏一体の――父親を含む――「親のケアする権利」とも重なりあうものである。つまり、子どもの発達＝学習権、ないしケアされる権利は、その他の人権の条件となる、いわば「人権中の人権」であると捉えることができよう。とすれば、ケアされることによって健康に育つ権利・幸福になる権利を含めて、子どもの発達＝学習権を社会全体として保障することが、子どもを養育する権利ないし責任を考察する上での出発点とされるべきであろうと考える。

家族に固有の価値をめぐって

さて、契約アプローチにおいても、未成人子との関係は「契約」ではなく「信認関係」として把握しうることは先に述べた。その際、個別・具体的に子どもの福利の判断をおこなうことになれば、国家が家族関係に立ち入る必要から、家族に対する国家の過度の介入を招き、〝家族の自律性〟が損なわれるのではないかという批判が導かれうる。しかし前節はじめに見たとおり、プライバシーは〈家族〉単位ではなく、あくまで〈個人権〉をベースに観念すべきものと考える。児童虐待やドメスティック・バイオレンスの深刻化を省みるならば、〝家族の自律性〟を強調することは、家族成員相互間の重大な権利侵害を潜在化することに繋がる危険性をはらんでいる。

また家族の自律性を強調する立場は、親子を含む家族関係の基礎を生物学的なものに還元し、保護されるべき家族を、従来の法律婚に基づく嫡出家族に限定しがちである。そうした捉え方が、家族の多元性を損なうことは言うまでもない。ここでは、たとえば前節に述べた「親密な人的結合」における親子関係の宣言をもって、先の信認関係ないしそれに伴う権利義務の発生要因と捉えることも考慮に入れられる。

もとより、子どもの利益の判断を個別・具体的におこなうのは、「家族の多元性」の確保と「子どもの福利」という二つの要請のバランスを図るという構想に基づくものであった。家族への国家介入の場面は可能なかぎり限定的にとどめると同時に、児童虐待などの実態に照らして、それぞれのケースに実効的な介入を可能ならしめなければならない。

では、家族内にも契約原理を適用した場合、家族に固有の価値とは何なのか、家族の存在意義は何に求められるのか、という次の問いかけに応じる必要がある。これまでの行論から、家族の価値は、日常的・恒常的に自己尊重《セルフ・レスペクト》の感覚を養い保ち、自らの「善き生」の構想や自己実現を追求するための安全でプライベートな空間を提供すること、すなわち――子どもを含む――家族成員個々人の自律ないし自立を確かなものとする点に見出されるべきなのではなかろうか。家族単位に変わる「シングル単位」、つまり自立した個々人を単位とする政策や社会保障を提唱する伊田広行によれば、「シングル」とは「深く他者とつながっていける出発点としての個人」（伊田 2003: 132）のことである。

6 「家族の共同性」の相対化

個人の自律とパートナーシップ的共同性

前節に述べたように、いわば家族愛の規範化をとおして「家族の共同性」を強調することは、家族関係を閉鎖的かつ抑圧的なものと化すことに繋がりやすい。家族の共同性を非抑圧的なものとするためには、家族成員がそれぞれ家族とは別の他者との関係性や共同性の構築に対して開かれていることが肝要と思われる。家族の共同性の強調は、女性を家族に没入させ、無償で際限のないケアの供給に囲い込む危険性をはらんでいる。複数の異なる関係性ないし共同性の構築は、自らの善き生や自己実現を追求する営みの一環としておこなわれるものであり、それは〈自律〉の理念を基礎とすべきものと捉えうる。また個人の関わる共同性を複数化することは、家族の共同性を相対化することに繋がるであろう。共同性の内実を、個別的な人格の捨象のうえに成り立つ一体性――いわゆる「一心同体」性――と見なすべきではないと考える。

たとえば夫婦の共同性としては、従来的な性別役割分業を前提とする「家父長制的共同性」と、平等なパートナーシップを基本として自覚的なルールによる分業的な体制をとる「パートナーシップ的共同性」の二つが観念しうる（広渡ほか 1998：187）。個人の個別性は個別的なままに保たれるべきであり、家族の共同性とは、あくまで個人の自律性を基礎に置く「パートナーシップ的共同性」の延長線上に捉えられるべきと考える。〈自律〉の理念は、諸個人の権利義務を可能なかぎり明確にすることを要請する。そこでは、諸個人が自己の権利義務を明確に認識することが、共同性の出発点となされるべきではなかろうか。

家族における契約による諸個人の権利義務の明確化は、ジェンダーの不平等の改善に資するものと思われる。前述のとおり、これまで家族内の〈相互依存関係〉を実際に維持してきたのは、おもに女性による一方向的なケアの供給だったからである。本章のはじめにも述べたように、近代家族とは、まさに女性の自律性の縮小と、母役割への特化によって支えられてきたのであった。このことを改めて省みるならば、家族における女性の自律を尊重し、契約によって家族成員の権利義務を明確化することは、女性を際限のないケアの供給から解放することにつながるものと考える。

「契約アプローチ」の実行可能性をめぐって

家族形成の契約化をめぐって、徐々にその実行可能性も探られつつある。実際の契約起案にあたっては、リーガル・サービスへのアクセスが可能でなければならない。そのためには弁護士等へのアクセスを、コスト的にも容易にするような諸制度の整備拡充はもとより、法律上の多様な契約モデルを提示するという方策が考えうる。近年たとえば日本国内でも、夫婦財産制に関して、当事者夫婦が（婚姻に際して、または婚姻中の事情変更に応じて）選択できる複数の夫婦財産契約モデルを法律上示す——法定財産制としての別産制とならんで、具体的なシステムの内容を規定した財産共同制のモデルを選択財産制として民法に規定する― ことが提案されており（広渡ほか 1998：188）、他のさまざまな家族関係形成に関する契約についても、法律家や研究者による複数のモデル契約案の提示が検討されるべきであろう。

わが国の法定夫婦財産制は別産制であるが、一九九七年に実施された広渡清吾らの調査によれば、夫と妻の名義資産格差は性別役割分業の下でほぼ七対三であった（同書：67）。しかし本来、先の「パートナーシップ的共同性」（ないし前述の「普遍的ケア提供者モデル」）は、夫婦が対等の個人であり、職業と（子育て等のケア活動を含む）家庭双方において、相互に平等の権利と義務をもつこととする原則に支えられるべきものである。そこでは、夫婦が互いに独立した個人であり、財産の所有・管理もそれぞれがおこなうものであること、また自己の所有なしには財産が形成できないことする原則が基本的な考え方として共有されなければならない。そのためにはまず、婚姻共同体内での妻と夫の経済的不均衡を生み出している婚姻の外的条件としての社会的諸制度―性別役割分業に規定された労働市場・雇用慣行・企業体制・社会保障制度や税制― の改革が必要である。

また広渡によれば、財産共同体の形成は法制度に直接依存するものとしてではなく、当事者の権利の問題として自立的な交渉と契約によっておこなわれることが可能であり、法は交渉と契約を促進する役割にとどまればよい。この場合共同体は、個人の意思に基づく明確な権利・義務のシステムとして成立することが可能となる。そうした自律的諸個人からなる「自律的共同体」において、財産的な依存関係が夫婦関係の本質的要素でなくなったとき、「婚姻共同体」は愛情と相互配慮の

「自己表現」体になるのだと考えられる（広渡 1999: 153）。

「自律的共同体」としての家族構築に向けて

さて本章を通じて、個人の自律を基盤とする「契約アプローチ」が、従来の固定的な性別役割分業やジェンダー規範に縛られない自由で平等な家族の形成につながる理論的可能性を探り、子どもを含む家族関係に契約原理を適用することの法哲学・政治哲学的な基礎づけを試みてきた。前述のとおり「契約アプローチ」のおもな意義の一つは、家族の多元化を擁護し、かつ諸個人の意思に基づく明確な権利・義務のシステムとしての「自律的共同体」の成立を可能ならしめることにあった。但しそれは、法律婚否定の立場を意味するものではなく、法律上の家族を多元的に構成することを要請するものである。つまり、「家族」を構成しようとする複数の個人の間に、一定値以上の真摯なコミットメントが存在するならば、それを法律的な家族として承認し保護することが、自律を尊重するという意味にほかならない。とすれば、法的保護がなされるべき家族は、すべて嫡出家族である必要はないことになる。

すでにスウェーデンの「同性婚法」（一九九五年施行）をはじめ、ドイツやオランダなど幾つかの国々では、同性婚に対して男女の結婚と同等の法的権利が認められている。また日本国憲法の下で「婚姻は、両性の合意のみに基いて成立」するとの規定（憲法二四条前段）は、当事者たりうるのは男女であり、その自由な合意が要求されていると一般には理解されてきたが、同性婚を無効と解するこれまでの通説に異論を唱える立場も少数ながらでてきている（棚村 1998）。すなわち、①生殖と子の養育を主要な目的とする伝統的婚姻観が変化し、一方で、生殖や性関係の可能性もなく、共同生活すら存在しない男女の結合が婚姻法のなかに取り込まれながら、他方で、生殖能力以外では夫婦としての実質を伴う同性間の結合が婚姻法の枠外に置かれるのに合理的根拠があるのかは疑問とする立場、②憲法一三条（個人の尊重）、二四条（家族生活における個人の尊厳）を手掛かりに同性愛者の婚姻を認めてゆく立場、③法的保護を与えても全ての人が同性をパートナーとして選ぶわけではなく、種の再生産を崩壊させるほど多数にならないとして、私生活・家庭生活の自己決定権という憲法上の権利の保障という観点から、準婚的保護を与えるという立場などが主張されている（棚村 1998 : 25）。

これに関連して、たとえばオーキンは、同性カップルが、異性愛の婚姻にみられる性別役割分業や、それに伴う機会や権力の配分における不均衡を正すモデルにさえなりうるとし、同性カップルの婚姻禁止について、政治哲学的には正義に基づく説明がつかないことを示唆している（Okin 1997）。同性カップルが子どもを持つことについても、異性愛のカップルと異なり、同性カップルは真に望んで子どもを持とうとするのであり、この点でも同性カップルによる育児が子どもの福利に反するとは言い難いと指摘する（ibid. : 54）。さらに、先のヤングも指摘するとおり、契約アプローチの観点からは、血縁や性愛を基盤としない家族関係も成立することになる（Young 1997 : 105）。ここで彼女の例示する、知的障碍をもつ数人の男性たちによるグループホームなどは、「家族」として認められ保護されるに相応しい「親密な人的結合」として捉えることができよう[6]。

このように、「契約アプローチ」の下では、たとえば上述の「親密な人的結合」の自由に基づくさまざまな選択縁による〝結縁家族〟とよびうるような家族関係も成立し、それらは必ずしも血縁や性愛に基づくものに限定されない。そうした家族形態の具体例の一つとして、北欧諸国などでおこなわれている家族的パートナーシップの登録制度（Registered Partnership）が挙げられよう[7]。このように、法律的な家族を多元化することが、個人の自律の尊重に適うものと考える。

いかなる他者と、どのような〈家族〉を構築するかは、諸個人の〝善き生の特殊構想〟（幸福観や人生設計）の中核をなしているといえよう。前述のように、家族関係における「普遍的ケア提供者モデル」の適用は、「ワーカーとしての女性」と「ケアラーとしての男性」との相互乗り入れを促し、女性の経済的依存性を縮減する一方、男女双方の自律性ないし自立性を高める可能性をもつ。そして、これまで述べてきたように、フェミニズムないしジェンダー論の眼目は、従来の固定的な性別役割分業にとらわれない自律的な男女諸個人の多様な〝善き生の特殊構想〟に基づく幸福追求権を、ひとしく尊重することにある。

注

（1）「自由権」と「社会権」は、いずれも基本的人権（人間が生まれながらに有する基本的な権利）に含まれる。自由権は、国家権力によっても侵害されることのない個人の自由を確保する権利。精神的自由（思想・良心・信教の自由など）とそれに基づく政治的自由（言論・集会・結社の自由など）、経済的自由（契約・職業選択・財産権の自由など）、および人身の自由（身体を拘束されない自由）を保障される権利をさす。また社会権は、国民が人間らしく生存するために、国家に対して一定の公共的な配慮を求めることができる権利。健康で文化的な最低限度の生活を営む権利、教育を受ける権利、勤労の権利（労働権）、勤労者の団結権などをさす。ゆえに、そこでは個人として自立できる賃金を保障する女性の労働権の確立とともに、男性労働者の私生活への権利の確保も要請される。

（2）「共同体アプローチ」を採る論者は、リベラリズムの自律的な個人主義を批判する共同体主義《コミュニタリアニズム》に同調して、〈家族〉を単なる私的結合ではなく、市民社会や政治組織体を構成するきわめて重要な制度であると捉えている。したがって、そこでの家族制度は、個人にとって何が〝善き生〟であるかについての、共同体による強制を伴う公的な判断を反映しなければならない。一般にこうした共同体主義的な前提のもとでは、望ましい家族形態や親子関係などをめぐる善き家族のあり方に関する共同体内でのコンセンサス形成に深刻な対立を伴いがちであり、ミノウらも、このアプローチは善き家族のあり方について、宗教的・文化的境界に沿った社会的・政治的分断を招く危険性が高いと見なしている（Minow & Shanley 1997: 93-95）。

（3）民法上は、親子を実子（嫡出子・非嫡出子）と養子に大別する。養子（普通養子・特別養子）は法制度上の概念―当事者間の契約と構成される―であり、一般に血縁のないところに親子関係を擬制するものである。そのなかで特別養子は一九八七年に新設された養子制度であり、親の保護に欠ける幼児を、実の子どもと同様、家庭的環境へ収養し保護することを目的とする。それだけに要件は厳格で、実方の血縁関係を切断する一方、養方には原則として離縁を認めないほか、成立には家裁の審判が必要である。「要保護性」の判断のほか、養親となる者が養子となる者を六ヵ月以上の（試験）期間監護し、養親となる者の適格性があるか、養子との間で親子関係を確立していくことが可能か、等の判断がなされる。なお詳しくは、奥山（2000）第三章を参照。

（4）子どもに関する法制度は、成長途上にある子どもを保護するためのものとして位置づけられ、民法上でも子の福祉・子の最善の利益が理念とされている。この理念を裏づける「子どもの権利に関する条約」（一九八九年国連総会採択）の特徴は、以下のとおりである。①子どもを権利の客体ではなく、権利の主体としていること、②子どもの意見表明権を権利として認めていること、③さまざまな差別の禁止を謳っていること、④マイノリティの子どもの人権を重要視していること、⑤親や家族との関係では、(a)「家族への権利」として、親や家族との関係を人権として保護すること（親からの分離禁止など）、(b)「親・家族からの自由」として、親による虐待・放任・搾取からの保護（cf. 福島 2001：69）。

（5）ちなみに民法においても、「親権」に服する子は未成年者のみである（八一八条一項）。なお旧法下では、親権は家長の支配権であったが、現行法下では本文に述べたとおり、未成人子の保護・育成ないし社会化のための親の義務と解されている。

（6）なお矢澤澄子は、グループホームという「家庭的なケア」の場における「擬似家庭」化ないし「擬似親子」化がはらむ陥穽について述べている。その陥穽とは第一に、グループホームのジェンダー化されたケア環境とケア実践の中に埋め込まれた「家庭的な雰囲気」たるものが、ホームでの共同生活介護における「個別ケア」、「生活ケア」の要件である「利用者の人権やふれあい」の尊重を阻害しかねないという点。第二に、「家庭的な」ケアサービスというジェンダー化された感情労働が、スタッフの過剰な働き方やサービス提供を暗黙の前提として、スタッフのストレスを増幅しかねないという点。そして第三は、「家庭的なケア」が、ケアリングにおける性別役割の強化を促し、ケアワーカーや利用者・家族のジェンダー役割、ジェンダー・イメージ、ジェンダー・アイデンティティの固定化や強化に繋がりかねないという点である。つまりグループホームが「女性＝ケアラー」の「愛の労働（献身）」や性役割を自明視するジェンダー規範に拘束されて「閉ざされた親密圏」と化すならば、病院や施設と自宅、家族をつなぎ、地域にも開かれたグループホーム本来の自由で柔軟な媒介機能や開放性が失われる危険性がある。グループホームというケア空間をそうした陥穽に「内閉」させないためにも、多様な家族や地域の人びとによる開かれたサポート体制づくりや交流、ケア・医療の専門職との情報交換の日常化等をとおして、ケアの受け手／与え手双方に関わる「尊厳あるケアモデル」の内実形成が求められるべきことを示唆している（矢澤 2009：134–140）。

（7）詳しくは、棚村（1998）を参照。

第四章　普遍主義的シティズンシップ論批判の展開
——ジェンダー論の視点から

1　シティズンシップ再論の潮流

一九九〇年代を境として、フェミニズムやジェンダーの視点によるシティズンシップ研究が盛んとなった。その潮流の中心をなすのは、従来の主流的なシティズンシップ論を批判的に検討する試みである。それらは、共和主義、ポストモダニズム、ラディカル・デモクラシー等によるリベラリズム批判、ないしリベラリズムを基底とする従来のシティズンシップ論批判の潮流とも重なりあっており、二〇世紀末から二一世紀初頭の理論動向を特徴的に示すものといえよう(1)。

ところで、シティズンシップの概念は、すでに古代ギリシアのポリスにおける政治活動に積極的に参加する平等で自由な「市民（civis）」のなかにその原型を見ることができるが、一般的には近代国民国家の発展のなかでその領土内における個人の地位を表す言葉として用いられてきた（衛藤 2003: 2-3）。すなわち一七世紀に入り、ホッブズらを嚆矢とする近代国家論の誕生によって、権利概念を中心とするシティズンシップ論が登場する。それは、国家成立以前の自然状態において人は平等かつ自由である、という人間の本源的かつ普遍的な自然権に基づくものであった。近代のシティズンシップ論は、人は自然状態における平等と自由をよりよく実現するためにこそ国家設立の契約を結び、その結果として自然法と実定法を遵守する義務を負うとする社会契約説にその出自を求めることができよう。そして、近代のシティズンシップ論では、「十全な市民権を享受し、政治的参加の権利あるいは義務を持つ者」である〈シティズン〉をめぐって、国家が尊重すべき「十全な市民権」とはどのような権利であるべきかを論ずることに重きがおかれてきた（岡野 2003: 26, 34-36）。

言い換えれば、シティズンシップとは自由や権利をめぐる国家と個人との政治的関係であり、ホッブズ以降の近代西洋政治思想は、広い意味でこのシティズンシップをめぐる考察であったとみることもできる。(2) だがこの言葉は、トマス・H・マーシャルによって社会科学におけるひとつの体系的な概念に高められ、独自の領野を拓くこととなった。彼はその著『シティズンシップと社会的階級』（一九五〇年初出）のなかで、シティズンシップを、「ある共同社会の完全な成員である人びとに与えられた地位身分」であり、「この地位身分をもつすべての人びとは、その地位身分に付与された権利と義務において平等である」と定義づけている（Marshall & Bottmore 1992=1993: 37）。シティズンシップはなお多義的な概念であるが、一九五〇年のマーシャルによる定義以来「コミュニティの完全なメンバーに与えられた地位」「政治的公共体に参加する市民の資格・能力」と解され、市民権の平等が一般化した（辻村 2004: 85）。つまりシティズンシップとは、「あるコミュニティの正式メンバーであることに伴う市民の権利と責務」をいう（矢澤・天童 2004: 97）。

岡野八代によれば、マーシャルのシティズンシップ論の特徴は、資本制が生み出す階級間の不平等という現実を受け入れつつも、現実社会の不平等を克服するためのさまざまな運動を通じて十全たる市民にふさわしい権利内容が拡大することによって、階級間の平等が達成されると考える点にある（岡野 2003: 37）。すなわち彼の議論は、一方では「共産主義陣営」に対峙し、他方では第二次世界大戦下のナチス・ドイツにおける全体主義的な「戦争国家」に対抗するために生まれた「福祉国家」という概念を、戦後の福祉国家の興隆を背景として、その内実を三つの権利概念から理念化しようとしたものである。

マーシャルは、シティズンシップを「市民的権利（civil rights）」「政治的権利（political rights）」「社会的権利（social rights）」という三つの部分ないし要素に大別し、近代社会ではこれら三つがそれぞれ一八世紀における司法制度の確立、一九世紀における議会、そして二〇世紀における公教育システムと社会的サービスの整備という歴史的コンテクストに対応しつつ順次進化し、階級的不平等が解消されてきたと説いている（Marshall & Bottmore 1992=1993: 15-35）。

マーシャルは、ジェームス・ミルやジョン・S・ミルの系譜に連なる英国リベラリズムの伝統の上に立ちつつ、貧富の差が招く社会的不平等を福祉給付（社会権）によって緩和し、自由のうえに平等を補強しようとした。(3) いわば正義と公平の道徳律によって支配される公的領域においては、何びとも平等であるべきであり、そのために最小限度の国家の介入にも甘んじなければならない、というこの考え方は、ライアン・ヴォーによれば、ロールズ、アッカーマン、ウォルツァー、キムリッカらに継承されており、ヴォーはこの流派を古典的リベラリズムと区別するため「社会的リベラリズム（social liberalism）」とよんでいる（Voet 1998: 11, 33）。

今日の先進諸国におけるシティズンシップは、概ね同派の理念に基づいて構成されているところから、これまでフェミニズムによる批判の対象はおもにこの「社会的リベラリズム」であり、そのシティズンシップ論におけるジェンダー視点の欠落や、さらには従来的なシティズンシップ論とフェミニズムとを結合する必要性が説かれてきた。すなわち後に見るように、これまでのリベラルなシティズンシップ論の特徴は、公私二分論による公的領域重視（正義の適用が公的領域に限定される）、平等を形式的に捉える普遍主義、さらには問題を能力に還元して〝差異〟の根源をみない能力主義などにあり、そうした理論のもとで、女性の二流市民化や公民のなかの序列化がおこなわれてきたと、フェミニストたちは指摘する（ibid.: 5–16: 辻村 2002: 190）。

現状を見渡せば、「法の下の男女平等」にもかかわらず、女性の社会的・経済的・政治的地位は男性のそれに大きく遅れをとっている。女性は依然として「二流市民」であり、法によって保障されているはずの「平等」を〝実質〟として享受していない。従来のリベラルなシティズンシップは

「ジェンダー中立的(gender-neutral)」に見えながら、実は女性を排除した「ジェンダー不在(gender-absent)」の概念ではなかったのか、というフェミニストの見解は、まさにこうした理念と現実との乖離から生じている。フェミニストたちは、この隔たりが実は、従来のリベラルなシティズンシップ論における形式性(formality)や均質な平等性などに起因していることを指摘したのであった。

後述するように、フェミニストの議論は、女性は公的領域(政治的共同体)の正式メンバーの地位から実質的に排除されているというシティズンシップの現実と、それを擁護してきたリベラリズムを中心とする既存理論の批判的検討をとおして、今日では、女性の抑圧からの解放と自己実現を保障する新たなシティズンシップを獲得する手段としての「参加民主主義(participatory democracy)(4)」の可能性を探る方向へと発展しつつある(衛藤 2003: 4)。たとえばスクワイアズは、フェミニストのシティズンシップ論をめぐる中心的な論者たちの見解は、真の平等のための民主的なシティズンシップを実現する有効な処方箋として「参加民主主義」を擁護する点では一致しつつあると述べている(Squires 1999: 188)。

2　リベラル・シティズンシップの「普遍性」とその限界

先のヴォーによれば、従来的なシティズンシップ論の四つのおもな潮流は、市民権を法的地位・

資格として捉える「リバタリアン」（ハイエク、ノージックら）、政治参加を重視する「シヴィック・リパブリカン」（アレント、バーバーら）、社会参加や公共善を重視する「コミュニタリアン」（サンデル、マッキンタイア、テイラーら）、そして普遍主義やリベラリズムを基調として市民権を法的権利の問題として捉える「社会的リベラル」（マーシャル、ロールズら）の立場である。前述のように、このうち従来の主流は「社会的リベラル」の潮流であり、ここから、多元主義や差異の承認などの点で立場を異にするアッカーマン、ウォルツァー、キムリッカなどの見解が派生した、という（Voet 1998: 9–11）。

ここにおいて、社会的リベラルたちは、人びと間の生物学的・社会的・経済的・文化的立場などの差異にかかわらず、その政治共同体に生まれながらに、あるいは移民や婚姻等によって永住することになったあらゆる人びとを法の下に平等かつ自由な市民として定義する。この「あらゆる人」のなかには女性も当然含まれており、したがって社会的リベラルによるシティズンシップ論（以下「リベラル・シティズンシップ（論）」という）は、これまで暗黙に「ジェンダー中立的（gender-neutral）」とみなされてきた（衛藤 2004: 34; Voet 1998: 33）。

またここで、リベラル・シティズンシップ論は、政治共同体における平等と自由を、人種や性別、あるいは社会階層や文化的差異等を超えたあらゆる人びとに拡張したことによって、「普遍性（universality）」という特徴を色濃くもつこととなった。つまり、政治共同体（国家）のメンバーになった人びとには、等しく自由が配分される。この個人に平等に配分される自由は、人種や性別、あるいは社会階層や文化的差異等とは無関係に均一かつ均質でなければならない。また、その政治社会の「市民」という地位は、もっぱら法によって規定される権利に基づいて発生する。(5)

このように、リベラル・シティズンシップは「普遍主義(universalism)」によって特徴づけられ、したがって女性も「市民」としてその政治社会に包摂されている。しかしながら、リベラル・シティズンシップの限界は、まさにこの「普遍性」という構想が内包する自己矛盾にあるといえる。たとえばアイリス・M・ヤングによれば、社会的リベラリズムの普遍主義は、あらゆる個人にシティズンシップを拡張したことに加えて、少なくとも二つの意味をもつこととなった。一つは、「特殊な(particular)」と対照をなす「一般的な(general)」という意味、つまり個々の市民(ないし社会集団ごと)の異質性ではなく、市民(ないし各社会集団)の共通性を強調することである。もう一つは、各人の属性にかかわりなく、すべての人に全く同じ仕方で法や規則を適用する、つまり法や規則の前では「個人間や集団間の差異に目をつぶる」という意味の「普遍性」である。そしてヤングは、「普遍性」を成しているこの「一般性(generality)」と「平等な取扱い(equal treatment)」こそが、万全であるはずの平等が生み出す不平等の要因になっていることを説く(Young 1997: 114-115)。

すなわち、フェミニズムによるリベラル・シティズンシップ論批判の核心は、その普遍主義によって政治が人間の生の〝多様性〟から隔絶されてしまうことで、マジョリティとは異なるゆえに不利益を被りやすい立場にある人びとの声が汲み取られえなくなるという点にある。つまり「差異に目をつぶる」ことによって、差異やアイデンティティの問題に対処しようとしたリベラル・シティズンシップ論に対して、フェミニストによるシティズンシップ論は総じて、差異を生む状況に敏感であることによって、差異やアイデンティティに関わる問題を掬い上げようとする。

リベラル・シティズンシップ論はたしかに、女性のみならずさまざまなマイノリティにも同じ「シティズン」という資格を普遍主義的に認めたかもしれない。「差異に目をつぶる」べきであるという道徳的要請のもと、すべての個人に等しい法的権利と尊厳を認めるという原理にしたがって、リベラルな国家は政治的共同体を構築しようとしてきた。だが現実の社会においては、歴史的に主流と認められてきた文化や伝統が存在するゆえに、マイノリティとして生きることを余儀なくされてきた人びとが存在する（岡野 2003: 153）。

問題は、実際に一つの政治的共同体は、ある特定の文化的共同体を背後に従えることで他の文化的共同体を排除し抑圧してきた、という歴史が存在することである。リベラリズムに基づく政治的共同体が「差異に目をつぶり」、個人を個人として平等に扱おうとするとき、歴史的にマイノリティの立場におかれてきた人びとにとって、その政治的共同体への帰属は、マジョリティの価値観や流儀への「同化（assimilation）」の強制を意味してしまう危険性をはらんでいる（衛藤 2003: 25；岡野 2003: 153–154）。

リベラリズムの政治社会は、一般に白人中産階級の男性によって形づくられたといえるが、第二次大戦後の先進資本主義社会において、その「市民」の範囲が名目上あらゆる人びとに拡張された。

しかし、たとえ政治社会の「メンバーシップ」が普遍主義的に拡張されても、その政治社会を成している制度の仕組みや、それを取りまく規範・慣習・価値観といった「文化」はほとんど変化していない点に留意する必要があろう（衛藤 2003: 24-25）。それぞれの政治社会は、今日もなお基本的にその先住者――たとえば米国ではいわゆるワスプ（WASP: White Anglo-Saxon Protestant）の男性、日本では明治近代化において支配階層であった男性――の規範や慣習からなる文化を基盤として運営されているといえる。

したがって、そうした先住者に固有の流儀や文化で形成された政治社会に、後続の女性、エスニック・マイノリティ、セクシュアル・マイノリティ、あるいは障碍をもつ人びと等が〝実質的〟に参画し真のメンバーシップを得るためには、先住者の流儀や文化に同化することが要請される。こうして、出発点において有利な条件下にある先住者グループの地位がさらに特権化する一方、いわばハンディを課される後続者グループの人びととの格差がいっそう拡大する。

さらにまた、普遍主義的なシティズンシップが保障する平等は、個々の社会集団間の差異を認めず、「集合」としての市民を前提にあらゆる人を等しく均一に扱うため、その共同体内の社会集団間に存在している身体的・民族的・文化的な差異は捨象される。そして、ここで問題となるのは、社会集団間の差異によってもたらされた、後続者グループが被る不利益や差別・抑圧も同様に捨象される点である。先住者グループ／後続者グループ間の格差が存在するままに、両者が法の下に平等に取り扱われることによって、両者の不平等な関係はますます拡がり、固定化することになる。

ここにおいて、現代のフェミニストによるシティズンシップ論（以下、「フェミニスト・シティズンシップ（論）」という）は、「市民とは誰か」「市民権とは何か」「市民の活動とは何か」といった議論を軸に、より多くの人びとの平等な自由を確立することを目的として議論されている。言い換えれば、歴史的に社会の周縁に留めおかれてきた人びとをも、尊重すべき市民として扱いうる社会制度をめざして、フェミニスト・シティズンシップ論は構築されてきた。そして後述するように、市民たちが共通の社会的課題として「考えなくてもよい」とされてきた私的領域に関わる問題を、あらためて政治的問題として捉え返してみること、また〝自然〟なるもののように思われてきたことや、従来のシティズンシップ論が市民たちに要求してきた価値や徳それ自体がもつ排他性を「政治的」問題として再考することが、フェミニスト・シティズンシップ論の特徴である。(6)

たとえばジョアン・トロントは、社会権力の中心に「すでに在る者」（＝先住者）たちが具現している価値それ自体をいま一度問い直さない限り、結局はすでに権力を掌握している者の特権的立場を維持することになる、と指摘する（Tronto 1993: 86）。つまりこれまで、社会の周縁に押しとどめられ相対的無権力状態におかれた者たち（女性を含むさまざまなマイノリティ）が、いかに社会の中心へ参入していけるのかが問われてきた。けれども、その視座を転換して、社会の中心に在る者たちの「特権」がいかに支えられているのか、という問いへと歩を進めなければならない。その試みは、シティズンが「公的」存在とされるゆえに、シティズンたりえない者たちの領域とされてきた「私的領域」をも視野に入れた、新しいシティズンシップの概念を模索することと重なっている。

またそれは、従来のシティズンシップ論を支えてきた前提である、「政治／家族」「公的領域／私的領域」という二項対立の図式それ自体を脱構築することにほかならない（岡野 2003：188）。

そして、従来のシティズンシップが前提としてきたこの二項対立図式の自明視に終止符をうち、とりわけ「家族の自然性」をつくり出している〝政治性〟を見極めることは、公私二つの領域を分断することによって維持されてきた不正義を改めることへと繋がっている。たとえば先のトロントによれば、従来の正義論が前提としてきた諸個人の平等とは、あくまでも「ケア」や諸個人にとって異なるニーズの問題を「社会正義」の問題ではない、とするための「便利なフィクション」であった（Tronto 1993：145）。しかし、あらゆる人が生涯自律的で自立した存在であるのではなく、すべての人は依存する存在として生をうけ、ある時は他者によるケアに依存し、ある時はケアを提供する者であるという意味においても、人間は相互に依存的（interdependent）な存在である（Fineman 2004＝2009：28–29；岡野 2003：204–205）。人は、誰かに依存して生きざるをえない存在であるゆえにこそ、他者からのケアを必要とし、諸個人の異なるニーズに目配りしうる何らかの共同体（ないしは「親密圏」）を必要としているのだといえる。(7)

序章で述べたように、現代フェミニズムによるもっとも重要な指摘の一つは、リベラリズムによって先導されてきた近代の社会秩序が、「ケア」を家族の内部に囲い込んで〝私事化〟し、具体的な他者のニーズに応じる責任をできるだけ公共化＝社会化しない仕方で編成されてきたということであった。今日の福祉国家における社会保障も、原則的に家族内の自助努力が破綻した場合にのみ、ケアが〈家族〉の外部に越境しないようにするために発動されるものと位置づけられてきた。福祉国家は、基本的に「非人称」の社会的連帯のシステムとして構築されてきたのであり、社会保険制度がその典型である。そうした社会的連帯においては、人称的な関係性における具体的な他者のニーズに応答する責任は、あくまで家族や親族の圏域に限定される（Ignatieff 1984: 10, 15f.: 齋藤 2003: 185）。

そしてこれまで、「ケアの私事化」が実際には「ケアの女性化」であること、その負担を免れた男性や彼らを雇用する企業がケアにおけるフリーライダーであり続けてきたことがフェミニズムによって問題化され、女性自身がケアの責任を〝内発的〟に引き受けることを強いる「愛情」や「母性」が男性のケア責任を免除するためのイデオロギー装置として働いていることが認識されてきたのである（序章第5節参照）。

そうした認識をふまえるならば、人間のさまざまな関係性への配慮を伴った、いわば「相互依存的関係」や諸個人の「異なるニーズ」をも視野に入れた、フェミニストによる新たなシティズンシップ論が構想されなければならない。したがって、岡野も示唆するように、そのようなフェミニスト・シティズンシップ構築の可能性は、ヘーゲル的なシティズンシップ論が、愛情の領域としての「家族」、抽象的道徳の領域としての「市場」、両者が止揚された倫理的領域としての「国家」へと発展的に人間関係の領域を捉えることで、結果として女性と子どもを「家族の領域」に閉じこめてしまったのとは異なる構想に開かれていなければならない。またそれゆえに、フェミニスト・シテイズンシップ論は、女性のみを主題とするシティズンシップ論ではなく、いかなる者の視点をも排除しない可能性を秘めたシティズンシップ論でなければならない（岡野 2003: 184）。

3　「相互依存的関係」と「異なるニーズ」を含む考察

先のヤングは、フェミニストの立場から、リベラリズムがシティズンとしての重要な〝徳〟に掲げる「自立」そのものに疑問を投じている。ヤングの批判にしたがえば、この「自立」という近代における規範は、「経済的自立」を基準とした男性中心的なものであり、「依存」を必要とする人びとの地位を貶めるのみならず、そうした人びとをケアする者さえも劣った地位へと引きおろす効果をもたざるをえない（Young 1997: 123-127）。

人はみな、依存的存在として生まれてくる。にもかかわらず、なぜシティズンシップにとって「自立」や「自律的存在」であることが必要な価値とされるのだろうか。この問いのなかに、従来のリベラル・シティズンシップ論が、ある限定された領域でのみ成立していた議論であったことが浮き彫りとなる。すなわち岡野も指摘するように、従来のシティズンシップ論は、〈家族〉という制度ないし領域を議論の対象外とすることで成り立ってきたといってよい（岡野 2003: 184）。

家族は、男女間の自然の情愛を軸に形成され、その目的は、人間にとっての基本的な生物学上のニーズを充たすことであるとして、政治思想史のなかで「自然視」されてきた。ここでの「ニーズ」は、諸個人に共通した生物学的必要物であり、その充足のために必要な再生産労働に従事する者たち（＝女性）は、家族を離れて互いの「利害関心」を熟慮しつつ共通のルールや共通善を模索する市民たち（＝男性）とは異なる存在、つまり非政治的な存在として位置づけられてきたといえる。そしてここにおいて、家族内において評価されるべき価値や規範が、公的領域＝政治とは関係がない（irrelevant）とされてしまうことによって、そうした価値や規範を体現する（と考えられてきた）人びとが、公的領域において二流市民へと追いやられてしまうことが問題となる（同書：189–190）。

すなわち、「自立したシティズン」という価値と、「依存する他者に細やかな心配りをはらう者」の必要性とが一対となって構造化され、〈政治〉と〈家族〉とが序列的に固定化されている限り、後者を担う人びとは二流市民へと囲い込みつづけられることになる。しかしここで、シティズンたちの活動する場ではない、と政治的に規定されてきた〈家族〉が、いかにシティズンたちの活動の場である公的領域における種々の特権的立場（ないしは次章に述べる「自律的個人」というフィクション）を支えてきたかを考察することは、従来のシティズンシップ論を脱構築することに繋がっている（cf. Lister 1995: 10–11; 岡野 2003: 191）。

たとえばジョン・ロールズの配分的正義論は、シティズンとしての徳を備えた者であれば、どのような特定の財やニーズを政府に要求するだろうか、という問いに発している。その正義論にしたがえば、政府によって配分されるべき「社会的基本財」以外の財は、私的に充たされるべきニーズとして家族という私的領域へと閉じこめられてしまう。それに対して、先のヤングが提起する社会正義は、特定のニーズのみが政府によって万遍なく充たされるべき市民権のなかに列挙され、その他のニーズは私的領域で諸個人自身（つまり、主に家族内の女性成員）が充たすべきとする従来的なパターンそれ自体の正当性への疑問に発するものである。ヤングはきわめて明瞭に、社会正義を「制度化された支配と抑圧の除去」と定義している（Young 1990: 15）。彼女によれば、社会正義に関する多くの課題にとって重要なのは、ある特定の時点における特定の配分パターンそれ自体ではなく、むしろ長い間ある一定の公認された配分パターンが再生産され続けてきたということである（ibid.: 29）。

ヤングは、「差異の政治」という政治的構想によって、公的領域における不偏不党性の理念が、いかに巧妙に差異を抑圧してきたかについて論じている（ibid.: 100-101）。そして、不偏不党性というリベラル・シティズンシップの要請が、（女性を含む）マイノリティの位置づけに留められてきた人びとの声に耳をすませることを阻んできたという観点から、彼女は、リベラリズムによる「公的領域／私的領域」の二項図式の対抗概念として、「異質性を包含した公的なるもの」という概念を提示した。そしてこの概念から、二つの政治的原理が導き出される。すなわち第一に、いかなる人格でも、行為でも、生活上の側面でも、それらは議論の余地なく「私的なるもの」と強いられてはならない。第二に、いかなる社会制度でも、実践でも、公的議論に相応しい主題ではないとして先験的《アプリオリ》に除かれてはならない。リベラル・シティズンシップは、人びとの多様で特殊な生の側面を、公的関心から除外することに貢献してきた。だがヤングによれば、これまで「私的な事柄」として公的な議論からアプリオリに除去されてきた人間の多様な生の側面に公的な光を当てることが、今後のフェミニストの――そして、さまざまなマイノリティの声を汲み上げようとする――政治の課題なのである（ibid.: 120-121）。

またナンシー・フレイザーは、今日の資本制福祉国家における主要課題としての「財の配分」に関する議論が、特定の一般的なニーズ充足の問題に焦点化され、いかなるニーズが、どのような人びとに必要なのかをめぐる具体的な「ニーズ解釈」に無関心であった状況に異議をしめし、「ニーズ解釈の政治」という見地から、「公的領域／私的領域」の二項対立図式を批判的に検討している（Fraser 1989）。

すなわち伝統的に、ニーズ充足の再配分という主題――国家は成員たちのニーズをどの程度充たす必要があるのか――は政治的言説の重要部分と見なされてきたのに対し、ニーズそれ自体に関する議論や解釈――誰が、いかなるニーズを欲しているのか――は、前政治的な言説として脱政治化され、〈家族〉という私的領域へと周縁化されてきた。だがフレイザーによれば、主流の政治理論によって私的なるものとされてきた具体的な「ニーズ解釈」は政治的である。それは、人びとが自らのニーズ解釈を他者との対話をとおして深めることによって――なぜそれが必要かと常に問うことによって――、人びととの多様な生のネットワークに関わるゆえに、新たな自己定義や語彙をも獲得しつつ、それまで公的な議題にはのぼらなかった生の側面をも政治的なアジェンダとして見出していく可能性を秘めているからである（ibid.: 154–166）。

こうしてフレイザーは「公認された政治」に代わる、対話をとおした言説によって媒介される「ニーズ解釈の政治」を提唱する（ibid.: 166）。そして、諸個人のニーズという私的な問題とされてきたものを政治的討議の場へのぼらせることによって、多様な差異のなかに埋もれていた人びとの声を汲み上げ、政治に反映させる道筋をしめしている。フレイザーにとって、リベラル・シティズンシップが公認する対話は、単一で権威的なニーズ解釈を強要しようとするものにほかならず、また彼女にとって、アプリオリに「私的なるもの」は存在しない。すなわち「公認された政治」の枠内で、いわば公認されたニーズのみを語ることは、そのニーズが代表していない声を発しようとする人びとの自己決定や自己定義の道を閉ざしてしまうことになる（岡野 2003: 215–216）。

先のトロントによれば、権力に近い者たちは、自らのニーズがその社会において他の者たちのニーズよりも重要であることを理解している一方で、自分たちのニーズ以上に社会的に考慮されなければならないニーズが存在するはずである、という批判的考察を怠っている。たとえば、ある人びとのケアを家族の領域の問題へと、また政治的問題ではなく個人の道徳性の問題へと隔離することは、そうした権力者の「特権的な無責任」に対する口実を与えているだけである（Tronto 1993: ch. 5）。

岡野も示唆するように、「公的領域／私的領域」という二項を分け隔てている境界に挑むことは、公認の政治が市民たちを平等で自由な存在として扱っていると宣言する陰で、どのような抑圧が存在していることを明るみにしようとすることである。言い換えれば、公私の境界の存在によって、さまざまな抑圧や不平等が、「公的には／公然とは」存在しないと見なされるゆえに、公認の政治は、市民たちを平等で自由な存在として扱っているように見えたにすぎないのである（岡野 2003：216）。

4　フェミニスト・シティズンシップ論の構想

では、公私二分論を前提とした従来の普遍主義的なリベラル・シティズンシップに代わる、新たなフェミニスト・シティズンシップは、どのように構築されるべきなのだろうか。

まず先のヴォーによれば、フェミニズムの視点によるシティズンシップの構想には、シティズンシップの「ジェンダー化」をめぐる観点を軸として、概ね三つの流れがある。すなわち、（普遍主義に立つ）「ジェンダーに中立的なシティズンシップ」論（gender-neutral citizenship：ディーツ、ムフら）、「ジェンダーによる差異（ないし女性の特性）を強調するシティズンシップ」論（gender-differentiated citizenship：エルシュテイン、ジョーンズ、ヤング、ペイトマンら）、そして（上記両者の）「折衷的なシティズンシップ」論（gender neutrality by gendering citizenship：リスター、フィリップスら）である（Voet 1998：15–16）。

そのなかで、たとえばキャロル・ペイトマンは、女性は「母性」ゆえに政治社会から排除されてきた一方、その排除の根拠となった「母性」によって政治的地位を築いてもきた、という共和主義の伝統から、人間の属性とシティズンシップとが不可分に結びついていることに鑑みてディーツやムフの中立主義を批判する。そして、ジェンダーをめぐる「平等か差異か」[8]という従来の二項対立を止揚して、男女両性が「全面的な市民（full citizens）」となり、それぞれが女性／男性という価値によって自らの生を全うしうるようなシティズンシップを構築すべきことを説く。そのような観点からペイトマンは、リベラリズムの「男性中心的」シティズンシップと母性主義者の「女性中心的」シティズンシップに対抗する、ジェンダーによって「異なる」シティズンシップ（gender-differentiated citizenship）を提唱している（Pateman 1992: 17-31）。

しかしながら、このように男女それぞれに異なったシティズンシップを想定する場合、女性（woman）を「女（female）」という生物学的な属性のみで一つの社会集団として括ることはほとんど不可能といえる。たとえば一般に、白人女性と非白人系の女性とのあいだには、文化的な違いのみならず経済的・社会的な格差も存在しており、それぞれの利害や要求は著しく異なっているものと推測される。

いわゆる「多様なフェミニズム」論（ブラック・フェミニズム、ポストコロニアル・フェミニズム、レズビアン・フェミニズムといった民族や文化の多様性に基づく、一九八〇年代半ば頃から顕著になった新たなフェミニズム論）の台頭は、男女間の差異にとどまらず、女性間の「内なる差異」によって、単に「女」という一括りではもはやジェンダーをめぐる問題解決が困難になっていることの証左であった。そこでは、女性という生物学的属性に加えて、民族や文化、さらには社会経済的な属性の相違も考慮に入れた「差異」の認識が要請されている(9)。その点で、先のヤング(Young 1997)が「ジェンダー」からさらに社会的・経済的・文化的に異なる社会集団へと視野を拡げ、そうした種々の属性を代表するそれぞれの「社会集団ごとに異なるシティズンシップ(differentiated citizenship as group representation)」を提示していることは、注目に値しよう。おおむね、今日のフェミニスト・シティズンシップをめぐる議論は、男性と女性、ないしは種々の社会集団間の異なる取扱いを認めた民主的シティズンシップこそが望ましいという見解に収斂しつつあるという(衛藤 2003: 29; Squires 1999: 188)。

では、より具体的に、そうした民主的なシティズンシップはどのように構想されているのだろうか。たとえば上述のヤングによる「社会集団ごとに異なるシティズンシップ」は、「集団代表(group representation)」制度と「特別な権利(special rights)」から成っている(Young 1997: 115)。まず、ハーバマスの「討議倫理(Diskursethik)」概念に影響をうけたという「集団代表」制度は、米国において抑圧や不利益を受けているマイノリティ集団(女性、アフリカン・チカノ・アジア系などの少数民族、障碍者、高齢者等)が社会政策の決定過程に直接参加し、自らの意見を政治の意思決定に反映させることを目的とするものである。つまりこの参加民主主義的な制度の下で政府は、あるマイノリティ集団の利害関係にかかわる政策の提案にあたり、そのグループに公共の討論の場に参加して意見を述べ、ときに政府案に対する拒否権を行使し、あるいは対案を提議する機会を保障する。ヤングのいう「集団代表」制度は、こうして支配者集団とは異なるマイノリティ集団の要求や利益の実現を図ろうとするものである（ibid.: 121 - 129）。

一方「特別の権利」は、マイノリティ集団の不利益が生理的ないし種々の社会的条件に基づく特殊な情況に起因する場合、そうした特殊な情況の予防や是正を保障するものであり、ヤングはその具体例として、妊娠した女性労働者の出産休暇や、高齢者の就労に際した労働条件の緩和（若年者と異なる基準設定）などをあげている（ibid.: 129 - 135）。なお、ヤングはこの「特別な権利」を、アファーマティヴ・アクション（AA：積極的格差是正措置）とは別種のものと言明する。つまり「特別な権利」は、不利益を受けている集団が支配者集団とは異なる文化や生活様式を有していること自体が、その不利益をもたらす要因であるという捉え方を前提としている。それに対して後者（AA）の根拠は、過去における差別によって現在も不利益を受けている集団に対する償い（compensation）という支配者集団側の片寄った認識に基づいており、かつその償いの判断基準には支配者集団（＝アングロサクソン系白人男性）の特殊な生活と文化的経験が少なくとも反映されているからである。つまりヤングにとって、アファーマティヴ・アクションによる是正措置は真の平等には寄与せず、むしろ差別を固定化する方向に作用するものといえる（ibid.: 133）。

またヤングは、「集団代表」制度が、利益集団多元主義（interest group pluralism）とは相異なるものであることにも触れている。つまり「集団代表」は、抑圧ないし不利益を受けている社会集団の社会的アイデンティティや生活様式を代表するものであって、特定の経済的利益や政治的地位を追い求めるものではない。利益集団は、もっぱら自らの利益の最大化を図って他集団の利益を排除しようとするため、その討議や意思決定の過程が公共の場にのぼってこない。それに対し、「集団代表」制度におけるグループの討議や意思決定は「異質な社会集団から構成される公共の場」において為されるため、公共討論のための基盤を提供することになる。また、そこにおいてマイノリティ集団の利益は、「公共の正義」の基準に則して査定される。なおヤングは加えて、「集団代表」の構造が、地域代表や政党代表の構造によって移しかえられてはならないことを強調している(ibid.: 125-129)。

このように、間接民主制度を基本としながら、政治的マイノリティの文化的・社会的利益の擁護等にかかわる政策課題などに限って直接参加制度を適用するというヤングの構想は、代表制民主制度を補完し、形骸化しがちな市民の活動を活性化するものとして有益な示唆を含んでいるといえよう。しかしながら、こうした制度は、それが(準)法的な効力をもつシステムとして政治過程に組み込まれた途端にやがて形式化し、利益集団多元主義へと変質する危険性をはらんでいることには注意が必要である(衛藤 2004: 10)。そこでは、マイノリティ集団の自律と、自ら政治的影響力を獲得していくためのエンパワーメントが求められよう[10]。ヤング自身も、「集団代表」制度の前提として、マイノリティ集団が集団的エンパワーメントの感性を陶冶しつつ、その集団的経験と関心とが社会的に理解され、政策に反映されるように努める必要があることに触れている(Young 1997: 123)。

さて次に、「折衷的なシティズンシップ論」の見解によれば、シティズンシップにおけるジェンダーの〝中立性〟は、ジェンダー・ブラインド化によってではなく、いったん男女の性を差異化したうえで、両性のためにシティズンシップをジェンダー化することによってこそ可能となる（Voet 1998: 15）。たとえばルース・リスターは、女性の政策決定への参画とともに社会経済的参画をも重視する「女性支援的なシティズンシップ（woman-friendly citizenship）」を提唱し、公私区分の再分節化（re-articulation）による再編と脱ジェンダー化を説いている（Lister 1995, 1997）。そこでは、女性の経済的自立と、家事・ケアワークの男女共有化が志向されているが、その見解は、リベラリズムと市民的共和主義《シビック・リパブリカン》との対抗を止揚した批判的シティズンシップ論の構築を通じて「公私の二分論」を克服しようとする点で、有益な示唆を含むものとして注目される。

　リスターは、シティズンシップとジェンダーとの結合をめぐって、公的領域における女性排除につながる複数の二分法（dichotomy）を指摘し、それを克服すべきことを提起する。つまりそうした対抗図式には、「ジェンダーに中立的なシティズンシップ（gender-neutral citizenship）」と「ジェンダーによる差異を強調するシティズンシップ（gender-differentiated citizenship）」／「平等」と「差異」／「正義の倫理」と「ケアの倫理」／「自立」と「従属」／「公」と「私」の〝二分論〟が含まれるが、リスターは、とりわけ公私の二分論がシティズンシップからの女性排除の根源であり、正義（＝男性の倫理）とケア（＝女性の倫理）の対抗的分割の要因でもあったことに鑑みて、その妥当性を疑問視し再編成すべきことを説く（ibid.: 91–118）。だがそれは、公私の境界それ自体を否定するものではない。その主眼は、境界線の移動による再分節化によって公私区分を再編すること、および公私境界の本質に関する捉え方を変更することにある。

つまり、この再分節化において公私の境界線とは、その画定権も視野に入れつつ時・場所・権力関係などによって〝相対的〟に定められるものといえる（辻村 2002: 192–193）。そうした観点に基づいてリスターは、家事・ケアワークの責任と有償労働の男女共有化を中軸としつつ、女性の私的責務とされてきた家事・育児に対する公的支援を強化し、政治や経済領域への女性の積極的参画を促すことによって、公私区分の境界線を脱ジェンダー化することを提言する（ibid.: 119–144）。

こうしたリスターによる「女性支援的なシティズンシップ」論における「差異化された普遍主義（differentiated universalism）」の構想は、二元主義ではなく多元主義に基礎をおき、リベラルな普遍主義とは異なる「差異」に根ざした普遍主義によって、従来的な諸理論の折衷を試みている点で示唆に富むものといえよう。

5　公私二分論の境界を超えて

ところで、前節に述べた「多様なフェミニズム」論が喚起したように、女性が「女性である」ことそれ自体によって、同じ善の構想（幸福観や人生設計）をもつということはありえない。そのことを明らかに示したのは、〝白人中産階級中心〟のいわゆる主流フェミニズムに宿る均質主義的・普遍主義的・白人主義的な前提に対して、黒人をはじめとするマイノリティの人びとが投げかけた諸批判であった（有賀 2000：147-148）。

こうした反本質主義は、従来の「正常な規範」をずらしていく言説戦略によって、その規範によって負荷される〝社会的アイデンティティ〟を脱却し、政治の領域における〝政治的アイデンティティ〟を新たに構成し直すという戦略に結びつく。すなわち、社会的アイデンティティが他から負荷されたものであれ、それに解釈作用を加えることによって政治的アイデンティティとして組み直し、政治の領域における有効な言説的資源に転換することができる（野崎 2003：84）。つまりそこでは、アイデンティティを可変のもの、つねに流動的なものと捉えることが肝要であろう。シティズンシップ論において、先のヤングやリスターらのように「差異」を差異として認める手法は、個人が実際には複数の／多様な属性に同時に属していることを承認しつつ平等と自由を求める新たなフェミニスト・シティズンシップ論を構築するためにも、有効な示唆を含むものと考える。

これに関連して、第二章第6節でも述べたように、たとえばアレントは、政治的・社会的・私的という三領域の区分を前提として、政治の領域につきものの平等とは必ず「等しくない者の平等」のことであり、等しくないからこそ、これらの人びとは「平等化される」必要があると説く（Arendt 1958=1994：342）。この「異なる者の平等」の理念は、異なる人びとの差異を縮減ないし均一化するのでなく、その差異を残しながら人びとを公共の領域に包含し、平等を達成しようとするところに特徴があるといえる（野崎 2003：98）。

いわゆる本質主義の問題点は、ある社会的アイデンティティからは、ある政治的アイデンティティが一義的に導出されると見なすところにある。これに対して、社会的アイデンティティと政治的アイデンティティとのつながりが、諸個人自らによる解釈と再定義の「多義性」に開かれていることが重要なのだといえよう。そして、社会的アイデンティティが、解釈と再定義の多義性に開かれているという意味において、〈女性〉(ないしは〈男性〉)に〝本質的〟なアイデンティティは存在しないと考えられる(同書:85)。つまり、同じ女性でも人種・エスニシティや社会階層などの異なるアイデンティティや、フルタイムの有職女性と専業主婦といった異なる立場で〝善の構想〟は多様なものとなり、さらには善の構想が対立することもありうる。フェミニズムにおける女性の「内なる差異」の重視は、「女性であること」から導かれる共通善のようなものは存在しないことを示唆するものであった。

したがって、シティズンシップ論においても、女性に本質的なアイデンティティは存在しないが、従来的に負荷された「女というカテゴリー」に諸個人が自ら解釈をほどこし再定義することによって、それを新たなアイデンティティとして組み直し、自らの〝善の構想〟を形成するという多義性に開かれた方向性が求められよう。

江原由美子は、「権利という言葉でフェミニズムが語っているのは、どのような状況においても不可侵なものとして置かれた権利なのではなく、自分自身に対しても他の人びとと同様の責任と思いやりをもち、他の人びととともに自分自身のことも考慮して自分で判断することを意味している」と述べ、「自己決定権」に実質的な内容を賦与しうる「自己定義権」を提示する。それは、「責任と思いやりの道徳」に適う自らの判断を含意する、「社会的に共有された経験を表現する語彙と、他者の表現を尊重する人々の相互行為形式において確保される社会的成員としての権利」である(江原 2000: 152-154)。

このような自己定義をとおして、自己の善の特殊構想を形成するという多義性に開かれた方向性は、井上達夫のいう「解釈的自律性」と重なり合うものであるといえよう(井上 1999: 159-179)。それは、「自己解釈的存在」というあり方—対話や熟慮によって共在感を深め、一切の価値の根拠を自己の選択に求める「負荷なき自己」(Sundel 1982)を乗り越えようとする—によって導かれるものである。またここにおいて、解釈し直された社会的アイデンティティに基づいて、自らの生を構築していくことを、個人の「自立/自律」と捉えうるのではないだろうか。

フェミニストたちが指摘したように、リベラリズムはこれまで、世界を公的領域と私的領域とに二分し、私的領域を政治から分断してきた。このことは、単に出産・育児・介護といった女性にまつわる問題を脱政治化しただけではない。いわゆる男性原理が支配する経済領域における既存の論理—利益至上主義、効率性の重視、生産性の向上など—の帰結としての環境破壊、またその陰の部分である障碍者や高齢者、あるいはさまざまなマイノリティの人びとの福祉や人権の問題といった重要な政治課題を看過し、長いあいだ置き去りにするという結果をもたらしたのである。ここにおいて、公的領域と私的領域とを連続的に捉え、私的領域に差し置かれた問題のなかに政治社会のあらゆる市民に共通の政治課題がある点に気づくことは、フェミニズムを超えてきわめて重要な見地であるだろう。

新しいフェミニスト・シティズンシップ論は、これまでの普遍主義的なシティズンシップ論が不問に付してきたもの、あるいは視野の及ばなかったものを絶えず再検討しながら、そこに記されていないものの意味を読みとくことから切り拓かれていくものと云えるのではなかろうか。

フェミニズムの重要な貢献の一つは、その視点が単に女性の解放にとどまらず、他のさまざまなマイノリティ集団の解放をも包み含んでいることといえよう。ここにおいて、公的領域のみならず、私的領域における構造的な権力関係を明らかにする「ジェンダー」の視点は、日常生活に潜む見えなかった差別や抑圧の問題を鮮明に描き出すことができる。そして、シティズン一人ひとりのウェルビーイング―ひいては自己実現―を指向する、新しいフェミニスト・シティズンシップ論の構築が、今日求められている。

注

（1）辻村（2002: 189）、および衛藤（2003: 10–11）を参照。なお辻村によれば、フェミニストによるジェンダーとシティズンシップ分析の局面は、①女性と国家、および移民における女性の地位、②福祉国家と女性（保護）政策、③政治参加、④政治思想史におけるジェンダー分析、⑤現代のシティズンシップ論議、⑥シティズンシップのサブテーマとしての自由・権利・平等・代表観念など、多岐にわたる。従来はこのうち④が主流であったが、最近では、全領域にわたって自覚的にジェンダーとシティズンシップ論を結合して議論がなされるようになった（辻村 2002: 191）。また、「ジェンダー」視点による既成の理論や思想の見直しは、現代の規範政治理論に再び活気を与えることになった。これまで主に英語圏のフェミニストたちが取り上げてきたテーマには、民主主義の理論とその実現の検討、プラトン、アリストテレス、ホッブズ、ロック、ルソーといった中心的な西洋政治思想を批判的に読み直す試み、国民国家や領土に関する研究、そしてシティズンシップ研究などがある（衛藤 2003: 10）。

（2）衛藤（2003: 3）。なお詳しくは、Clarke（1994: 3-33）を参照。

（3）この社会的平等を補強する「福祉国家」の導入は、共産主義陣営に対する自由主義陣営の防波堤でもあったといえる。衛藤によると、近代的シティズンシップの考え方を打ち立てたマーシャルによる「社会権」の創出は、労働者階級を国家に包摂し、かれらのアイデンティティを国家に一体化することによって、階級間の対立の緩和を図ろうとするものであった（衛藤 2003: 12, 16）。

（4）川崎によれば、「参加民主主義」は三つに分類されるラディカル・デモクラシー（広義）のうちの一つのタイプで、「政治参加そのものの価値を重視し民主的参加の実質化を求める」考え方である。他の二つのタイプは、「議論の空間としての公共性とそこにおける合意形成の合理性の意義を重視する審議的民主主義」と「差異の事実と多様性の存在を積極的に意味づけることに中心的関心をよせる『狭い意味でのラディカル・デモクラシー』」であるという（川崎 2001: 7-8）。衛藤によると、スクワイアズのいうフェミニストによって合意された「参加民主主義」は、上記第一のタイプというよりむしろ広義のラディカル・デモクラシーという意味で用いられている。また、自らの立場を狭義のラディカル・デモクラシーと位置づけるシャンタル・ムフ（Mouffe 1992）を除いて、フェミニストたちは一般にこうした政治への直接的な関与行為を「ラディカル・デモクラシー」ではなく「参加民主主義」と称し、さほど厳密な定義づけをおこなっていない。なお、このフェミニストによる参加民主主義の考え方には、「利益民主主義としての多元主義への批判」が埋め込まれている点が重要である（衛藤 2004: 8-9）。

（5）衛藤（2003: 17）を参照。なお、ここでリベラルなシティズンシップが国家における普遍的なシティズンシップとして成立しえたのは、厳格にシティズンシップを法的権利として形式的に設定し、等しく均一な法的権利を認められたシティズン間において何が公的な議論に適っているか――たとえばロールズによる「社会的基本財」の配分――を、そのシティズンシップ論の前提として想定していたからであったといえる。つまりここでリベラリズムは、人間の生に見出される価値の多様性から生ずるような軋轢は、政治的議論としてではなく、〝私事〟として取り扱うという方法で、シティズンシップの普遍性を担保しようとした（岡野 2003: 154-155）。そこでの法的権利は「個人」を単位に完結し、性、年齢、社会階層、民族といったグループごとに異なった権利は一切認められない（衛藤 2003: 18）。

（6）岡野（2003: 206-207）を参照。たとえばFraser（1997）, Tronto（1993）, Young（1990, 1997）などに、そうした特徴が顕著にみられる。

（7）「親密圏」について、詳しくは齋藤（2003: 191）を参照されたい。

（8）この議論は、一九七〇年代以来フェミニストを二分してきた、「男女は本質的に同じであり、この同質性にもとづいて同質の権利を主張すべき」（平等派）か、それとも「女性は男性と本質的に異なっているので、その違い（ないし女性の属性）を価値づけるべき」（差異派）かという平等と差異をめぐる問題と重なっている。そして、たとえばリベラル・フェミニストは平等派で、コミュニタリアン（ないしラディカル／マターナリスト）・フェミニストは差異派というように、しばしば思想的流派によって分類されてきた。だが、他の流派も含むフェミニスト間の意見は分かれており、いずれか一つの見解に統一されているわけではない。ちなみに、ムフ、ディーツ、ペイトマンはいずれも共和主義派フェミニストと目されているが、彼女たちの見解は分かれている（cf. 衛藤 2003: 29; Squires 1999）。

（9）「多様なフェミニズム」論について詳しくは、有賀（2000: 6）を参照されたい。

（10）衛藤（2004）を参照。政治的マイノリティのエンパワーメントは、参加民主主義に必須の要件である。衛藤によれば、フェミニストたちは「エンパワーメント」を個人と集団との二つの次元で捉えている。つまり、①女性が自律によってその生を自ら決定し、誇りをもって生きることを可能にする個人の成長を意味するエンパワーメント、および②女性たちの集団が政治過程に能動的なプレイヤーとして登場し、政治制度に影響力を行使する集団的政治行動の原動力となるためのエンパワーメントである。参加民主主義は、直接的には後者のエンパワーメントと結びついているが、組織の自律は自立した個人間の連帯と協力とによって可能となり、また個人の成長は集団的活動によって促されるため、二つの次元を切り離すことはできない。すなわち、エンパワーメントとは政治社会において抑圧され差別的な取り扱いを受けている人びとが個人として、また集団として自律性を回復し、政治的影響力を獲得する成長のプロセスなのだといえる（衛藤 2004: 11–12）。

終　章　フェミニスト・シティズンシップ論の新展開
——市民社会における「ケア権」の構築に向けて

1　ケアに関する「権利」をめぐって

今日の福祉国家における市民権のなかに、「ケア」はどのように位置づけられるべきなのだろうか。このテーマの下に、現代のフェミニズムは、ケアする／ケアされることを何ものかに対する具体的な「権利」と結びつけて考察するという知的作業に取り組んできた。そうしたフェミニズムの試みに通底するのは、壮健で経済的自立性のある男性モデルが対象の、リベラリズムに領導されてきた主流的な「権利」概念をめぐる批判的検討である。

人間の普遍的現実としての老いや、サファリング（suffering：病をめぐる苦難の経験）に照らしてみれば、個人のウェルビーイング（心地よい生／良好な状態）をめぐる気遣い・配慮・関係性を紡ぐという意味でのケアは、全ての人びとに共通する事がらである。[1] 本章では、「ケアする／ケアされる権利」と福祉国家の市民権とがどのように結びつくべきなのか、ケアを権利と関連づけて考察しながら、「フェミニズム正義論」の今日的意義を照射してみたい。

さて、フェミニズムが発した主流的な「権利」概念批判の潮流は、リベラリズムに基づく従来の「シティズンシップ論」をジェンダーの視点から問い直すという、前章にみた理論的動向と重なりあっている。すなわち、従来的なリベラル・シティズンシップ論の特徴は、公私二分論による公的領域の重視や、平等を形式的に捉える普遍主義、さらには問題を能力に還元して〝差異〟の根源をみない能力主義ないし個人主義などにあり、そうした理論のもとで、女性の二流市民化や公民のなかの序列化がおこなわれてきたと、フェミニストたちは指摘したのであった（辻村 2002: 190; Voet 1998: 5–16)。

前章第2節で述べたように、マーシャルの流れをくむ「権利付与」概念としてのリベラル・シティズンシップ論は、人びと間の生物学的・社会的・経済的・文化的立場などの差異にかかわらず、その政治共同体に生まれながらに、あるいは移民や婚姻等によって永住するようになった全ての人を法の下に平等かつ自由な市民として定義する。そこでは、全ての人びとが平等な権利をもつ正式メンバーとして、等しく取り扱われることが約束されている。つまり市民の平等は、諸個人の現実の社会的な立場や属性を超えたところに実現される。[2]

言い換えれば、リベラルな社会を支える〝平等〟は、あくまで市民である「地位」における平等

――端的には「法の下の平等」――であり、そうしたシティズンシップにおいては、普遍化可能な原理や規則を遵守することが、市民の責任ないし義務と捉えられる。そして、普遍化可能な一般的原則に従って公的なイシューについて自律的な判断を下す（またそのために道徳能力を行使する）という市民的義務は、経済的自立のみならず、さまざまな所与の社会的状況からも「自立」している市民であることを要請する。そこでは、道徳的能力における平等と、等しい道徳的能力ゆえに認められる自律と自由が前提されている。

岡野八代によれば、ここで自らの差異について斟酌されることなく公的審議に参加する市民は、互いの差異に無関心な市民でもある。そうした市民たちにとっての配慮に値する他者とは、あくまで一般的な他者であって、個別具体的な社会環境によって影響を受けているような他者ではない（岡野 2007: 128）。

リベラル・シティズンシップはたしかに、さまざまなマイノリティを含むあらゆる人に同じ「シティズン」という資格を認めたかもしれない。だが、より多くの者を〝包摂〟しようとする議論は、つねに依存する人びとを例外的な者とし、市民ではない誰かとして〝排除〟してしまう契機を少なからず含んでいる。すなわち、包摂の論理のなかで強制的に排除される「依存」や「ケア」といった不可避の人間の条件と、その条件に発する人間の営みに注視する必要があることを、フェミニズムは喚起してきた(3)。

これまでの普遍的な市民の責任論においては、依存する個別具体的な他者は、公的審議の場において自律的な意見表明ができない者、身体を含めた環境に依存する者として、公的な領域とは異なる領域――つまり私的領域――で問題解決するよう排除されてきたといえる。そうした個別具体的な他者への配慮は、あくまで「私的な倫理」としてそれぞれの自由に任されてきたのである。すなわち、身体に発する差異によって、他者に依存せずに生存できない人びとは、市民ではない誰かとして扱われる。

したがって、ひとの身体に発するニーズへの配慮や、ケアを中心とする依存関係は、公的領域においては重要な課題として認められない。つまり岡野が示唆するように、自己の身体性から発するニーズについて声をあげる、他者のニーズに応える、そして個々のニーズに対するケアの責任をいかに分担するかといった問題は「私的な倫理」の領域に属し、公的な市民たちの義務の体系には属さない問題である、という公私の境界が確立されてしまうのである（岡野 2007: 129–130）。こうして、多様な背景をもつ異質な人びとを包摂しようとした普遍的シティズンシップ論においては、依存する者があたかも存在しない、きわめて画一的な公的領域が設定されてしまうことになる。

ここでフェミニスト・シティズンシップ論の試みは、シティズンが「公的」存在であるとされるがゆえに、シティズンたり得ない者たちを囲い込む領域とされてきた「私的領域」をも視野に入れた新たなシティズンシップの概念を模索することであり、これまでのシティズンシップ論を支えてきた前提である「公的領域＝政治／私的領域＝家族」という二分論・二項対立の図式そのものを脱構築することである（cf. Lister 1997: 119–144; 岡野 2003: 188; Pateman 1989: 121）。つまりそれは、よりよい〝包摂〟の方途を模索してきた普遍主義的原則に基づくシティズンシップ論が、親密なケア関係にある者たちやその活動を公的領域から〝排除〟し、図らずも具体的な他者への応答や配慮を要請しない無責任論へと帰結してしまうことを改めて問い直そうとするものといえる。

本章において、そのような問い直しの一端を試みるにあたり、次節では、リベラル・シティズンシップ論の基盤となっている主流的な正義論の成り立ちとその特質について改めて概観しておきたい。

2 現代正義論とフェミニズム
――ケアをめぐる問題の所在

さて、序章で見たように、政治思想における「正義」とは一般に、人間の共同生活において「社会が従うべき規範的原理」をさすといえる。たとえばロールズの正義論における「正（right）の善（good）に対する優位」というテーゼは、個々人にとっての善（幸福や生きがいある生）という価値を超えて、より優先されるべき価値として正があり、その正が君臨している状態として「正義」を概念化しなければならない、ということを意味している（盛山 2006b：2-3）。つまり、ロールズによるこの「善に対する正（義）の優位」においては、いかなる状態や行為が「善」をなすかは個々人によって異なる（＝善の共約不可能性）のに対して、「正義」は公共的なものであり、人びとのあいだで異なる〝善の構想〟（幸福観や人生設計）やそれに関わる利害の対立を超えて承認（了解）される、普遍的に妥当すべき規範的価値と考えられている。すなわち、ここでの正義論が問うているのは、多様な善の構想を超えて社会はいかなる規範に従わなければならないか、という問題であるといえる。

そして、現代リベラリズムを中軸とする主流的な正義論においては、正義の原理としていかなる「普遍的な権利」が社会の全ての個人に平等に保障されるべきかが論じられる（序章第3節参照）。つまり、善に優位するものとしての「正義」はしばしば、人びとにおける「普遍的な権利の尊重」によってもたらされると考えられ（＝権利基底主義）、その「普遍的な権利」に何が盛り込まれるか、またそのために社会は成員からどの程度の財や負担を調達しうると考えるかが、主流的な正義論の主軸をなす。また、そこにおいて主要な論者の多くは、明示的ないし暗黙的に「自律（autonomy）」という規範的価値を基底に自らの規範理論を構想している（土場 2006: 40）。

前述のように、たとえばロナルド・ドゥオーキンは、リベラリズムの最も中核的なテーゼとして「異なる善の構想に対する中立性」（人びとの〝善き生〟に対する政治の中立性）をあげているが、これは「個々人にとって何がよいことなのかに関して社会とりわけ政治的権力が介入することはできるだけ最小限に抑えられるべきだ」という見地である（盛山 2006b: 9）。ここでドゥオーキンのいう善に対する政治の中立性は、人びとを等しい道徳的能力を有する個人として平等に扱うということの条件であり、それは正義が要求する規範的原理であると捉えることができよう。

したがって、ここにおいて政府（ないし公権力）や第三者は、諸個人の自己決定領域における選好に関する〝道徳的意味〟を問うことはできない。なぜなら、公的な政策として諸個人の「選択（choice）」を公的な「権利」として保障するということは、〝私的〟とされたすべての選択に同じ道徳的な重要性を与えることであり、どのような（選択）決定も道徳的観点から非難されえないということを意味するからである。ここで権利の承認とは、権利によって保護される個人の行為の中身が道徳的に正しいと認めることではない。また、リベラリズムの権利論において個人に要求されるのは、「他者に干渉してはならない」という意味で形式的な道徳規範である（山根 2006: 177）。

現代のフェミニズムは、このようなリベラリズムの権利論ないし公私の分離原則の問題点を指摘してきた。たとえばロビン・ウエストによれば、そうした主流的な「権利」概念は、権利に保護された――個人の主権的自由の領域における――行為を、コミュニティの関心や判断から隔離してしまい、道徳上の質を問えなくしてしまう点で問題がある（West 2002: 81-85）。ウエストは、ドゥオーキンのような普遍的な「権利（right）」を重要視する政治に対して、具体的な他者への「責任（responsibility）」を重要視する必要性を説いているが（West 1990）、それは「ケアを引き受ける」という決定が、私的な関心や選好からではなく、しばしば道徳的な責任や責務の絡み合いのなかでなされてきたからである。つまり「具体的な他者への責任」を重視するウエストは、権利の枠内の行為が〝私的〟な「善」の問題とされることで、人間の〝道徳的な価値〟が脅かされることに対する懸念を表明していると解しえよう。

ウエストによれば、リベラリズムの基本テーゼをめぐって、近年フェミニズムにおいて人間の「依存」に関わる二つの主要な批判理論が現れた（West 2002: 94）。一つは、マーサ・A・ファインマンやエヴァ・F・キッテイらによる（"dependency critique"とよばれる）、リベラリズム理論自体の陥穽に関する議論を含む潮流である。[4] それによれば、リベラリズムが先導してきた権利文化は、人間の「依存」が要請する広範なケアワークの必然性や、ケアの倫理的側面、あるいは「依存に関わる仕事（dependency work）」を構成する女性の無償労働ないしジェンダー化された不均衡な分業が促進する男女間の不平等を認識しそこねている。すなわち、私的領域内の人間関係は公権力の干渉を免れるべきことを説くリベラリズムと、それに基づく法制度は、人間の生涯を通じた広範な「他者への依存」をその考慮から除外しているゆえに、人間的・社会的ニーズに適切に寄与せず、人間らしい共同体（the human community）に貢献しないと、彼女たちは捉えている。

もう一つは、キャロル・ギリガンやネル・ノディングスらによる、〈ケアの倫理〉をとおして従来のリベラルな「権利」概念の再構成を試みる議論である。[5] 彼女らは、「依存に関わる仕事」の受容をめぐるリベラリズムの明らかな不適切さを指摘する。それによれば、〈正義の倫理〉は〈ケアの倫理〉と正反対のしかたで構築されており、ケア提供者の弱体化を保護するためには、これまでの「権利」概念が再構成されなければならない。従来のリベラルな権利概念は、本質的にケア提供者を保護しそこねている。なぜなら、自律的な選択の自由に価値をおく「権利の心性」は、ケアワークのそれと対立するからだ。ファインマンらの批判理論と同様、ギリガンらの論者も、リベラリズムの「権利」概念はその中核において根本的にケアワークの擁護と相容れないものと捉えている（West 2002: 95）。つまり、従来のリベラルな権利論におけるいわばケア提供者の疎外は、その論理構造上の必然的帰結であり、形式的な男女平等や、有償・無償労働領域における種々の役割に関する男女ひとしい選択可能性を唱えることでは克服できない問題なのである。

すなわち、ギリガンやノディングスらの議論に通底するのは、〈正義の倫理〉と〈ケアの倫理〉との対比である。よく知られているように、それはギリガンの著『もうひとつの声』（Gilligan 1982）で最初にしめされた。ギリガンは同書のなかで、他者（＝自律的個人）に固有の生の閉域を尊重し、たとえば財の公正な配分に関する合理的基準を定めようとする〈正義の倫理〉に対して、具体的な他者の生に苦難や困難を見出し、それに応じようとする〈ケアの倫理〉を対照的な倫理として呈示している。同書は、普遍的権利や正義という、いわば「男性の論理」に媒介された〝自律的個人〟の集合として世界を捉えようとする主流的な正義論に対して、世界を「コミュニケーション」と「関係性」とで形づくられた親密圏と捉えたうえで、女性の〝異なる声〟としての〈ケアの倫理〉によるその再構成を展望する議論を提起した。

そうしたギリガンの議論を契機とする、その後のいわゆる「正義対ケア」論争において描かれる二通りの他者像とは、公共圏における「一般化された他者」（法的権利の主体）と、親密圏における「具体的な他者」（ニーズを訴える主体）である（川本 2004: 22）。その際ギリガンは、「他者のニーズを敏感に受けとめ、ケアをする責任を引き受ける」という〈ケアの倫理〉を、いわば男性原理としての〈正義の倫理〉とは異なったものとして描き直した（序章第2節参照）。つまり彼女は、具体的な他者を〝応答されうる状態〟におくという意味での「責任」が、一般的な他者の生の「自律」を尊重するのとは異なった倫理を伴っていることを説いたのであった。

こうしたフェミニズムによる、主流的・伝統的な「権利」概念に対する批判の拠り所は、まさに従来の権利によって（他者の介入から）保護された行為の〝道徳的な意味〟への関心であったといえる。つまり従来の「権利」論に対する批判は、ケアの道徳的な意味が〝個人の私的問題〟に還元されてしまうことに向けられている。

しかしケアの必要性は、リベラリズムが尊重する、個人の主権的自由の領域における個人の生き方の「選択（choice）」と同じ次元で捉えることはできない。すなわち、リベラリズムが考察の対象としているのは、公的領域における自律的な自立した人格同士の関係であるが、これによってケアの関係を論じるのは適切でない。というのも、前述のように老いやサファリングは人間の必然であり、人は皆いずれは他者に依存し、そのケアを求めることなしには生を保ちがたい存在者であるからだ。言うまでもなく、具体的な他者を応答されうる状態におくべく「他者の依存への責任」を引き受ける場合の責任は、自らが〝選択〟した事柄に対するいわゆる「自己責任」とはその質を異にする。

3 「依存」と「ケア」の私事化をめぐって

前述のように、ジョアン・C・トロントによれば、従来の正義論が前提としてきた諸個人の平等とは、あくまでも「ケア」や諸個人にとって異なるニーズの問題を「社会正義」の問題ではない、とするための「便利なフィクション」であった（Tronto 1993: 145）。つまり、あらゆる人が生涯自律的で自立した存在であるのではなく、すべての人は依存する存在として生をうけ、時に他者のケアに依存し、時にケアを提供する者であるという意味においても、「依存」や「ケア」は不可避の――ゆえに公共的な――人間の条件であり、人間は「相互に依存的（inter-dependent）」な存在である。人は、誰かに依存して生きざるをえない存在であるゆえにこそ、他者からのケアを必要とし、諸個人の異なるニーズに目配りしうる何らかの共生的コミュニティを必要としているのだといえよう（第四章第2節参照）。

そうした認識をふまえるならば、人間のさまざまな関係性への配慮を伴った、「相互依存的関係」や「異なるニーズ」をも視野に入れた、フェミニストによる新たなシティズンシップ論が構想されなければならない。またそれゆえに、フェミニスト・シティズンシップ論は、女性のみを主題とするシティズンシップ論ではなく、いかなる者の視点をも排除しないシティズンシップ論でなければならない（岡野 2003: 184）。

前章で述べたように、ヤングはフェミニストの立場から、リベラリズムがシティズンとしての重要な〝徳〟に掲げる「自立」そのものに疑問を投じている。ヤングの批判にしたがえば、この「自立」という近代における主要な規範は、「経済的自立」を基準とした男性中心的なものであり、「依存」を必要とする人びとのみならず、そうした人びとをケアする者の地位をも引き下げることになる（Young 1997: 123–127）。だが、ここで翻って考えてみると、シティズンシップにとって「自立」が重要な価値と見なされてきたのは、従来のリベラル・シティズンシップ論が、〈家族〉という制度ないし領域を議論の対象外におくことで成り立っていたからである、と解することができよう。すなわち、人間にとって不可避の「依存」はごくノーマルな（通常の）状態であるにもかかわらず、従来的なリベラル・シティズンシップ論の人間像においては「自立」が通常の状態と捉えられてきた。そして〈家族〉という私的領域は、まさにこの矛盾を解決するために必要とされる。「自立した個人」というフィクションを維持するためには、「依存」は見えない場所、つまり「公的領域の外」で引き受けられなければならない。言い換えれば、公的領域における「自立した個人」という大原則は、実は「依存の私事化」を請け負う家族という私的領域の存在によってはじめて可能になっている。

こうして「自立した個人」というフィクションは、「依存」が人間にとってノーマルな状態であることや、さらに多くの場合、男性がケアの面では家族領域で女性に「依存」していることなどをも見えなくさせてきたのである（大和 2008: 40–42）。前述のように、人間は誰もが、少なくともある局面においては他者に依存し、そのケアを求めることなしには生を保ちがたい存在者であるゆえに、「依存」や「ケア」は、不可避の人間の条件である。にもかかわらず、長いあいだ政治思想は伝統的に、他者の依存とそれを引き受ける責任の問題を、自らの問題として受けとめることを回避しつづけてきた。

序章第4節に述べたとおり、ファインマンは、近代の社会秩序の編成において〈家族〉がケアの責任を引き受けるべき自然な（自明の）ユニットとして見なされてきたことを正面から問題化するなかで、ケアが私事化され、それが女性化されるメカニズムを明らかにするために、二つの「依存」とその間にある連関を指摘した。つまり人はみな、少なくとも生のある局面においては、他者に依存せざるをえない非自立的な存在者（子ども、高齢者、障碍者、病人など）である。そうした生存するために避けられない依存をファインマンは「必然的依存（necessary dependency）」とよび、また、具体的な他者の「必然的依存」を受容することによってケアの責任を担った者自身が他者に依存せざるをえなくなる事態を「二次的依存（secondary dependency）」とよんだ。つまり後者は、「必然的依存」を引き受ける者が、ときに雇用を通じた稼得の機会を失い、自らの生活を保障してくれる他者（多くは夫）への依存を余儀なくされることをさす（Fineman 1995=2003: 180-182）。

これまで述べてきたように、近代家族においてケアの責任を実質的に求められてきたのは女性であり、それは、女性が社会的・経済的領域においても長く男性の劣位におかれてきたことと連動している。つまり女性は、家事・ケアワークの負担によって、競合性や一貫性に乏しい労働者として相対的に労働市場へのアクセスを制限されてきたといえる。すなわち、ケアワークは明らかに、個人と社会にとって不可欠な労働であるにもかかわらず、家父長制の歴史や現行の市場経済のもとで、ケアワーカー（多くは女性）は一般に、無償ないし低賃金の労働者であり続けてきた。ケアワークをおこなう市民社会の構成員は、たとえ有職の場合でも収入や昇進といったさまざまな機会（ないし財）を失いがちであり、平等な社会への参画や市民権から疎外されてきたとも言い換えられよう。フェミニズムは、そうした「ケアの私事化＝女性化」を中軸とする近代的な性別役割分業の体制こそが、私的領域と公的領域の双方を領域横断的に貫くジェンダー秩序の根幹にあるものと捉えてきたのであった。

前述のとおり〈家族〉は、男女間の自然の情愛を軸に形成され、その目的は、人間にとっての基本的な生物学上のニーズを充たすことであるとして、政治思想史のなかで「自然視」されてきた。ここでの「ニーズ」は、諸個人に共通した生物学的必要物であり、その充足のために必要な再生産労働に従事する者たち（＝女性）は、家族を離れて互いの「利害関心」を熟慮しつつ社会の共通ルールに基づく正義を模索する市民たち（＝男性）とは異なる存在、つまり非政治的な存在として位置づけられてきたといえる（岡野 2003：189）。しかしここで、シティズンたちの活動する場ではない、と政治的に規定されてきた〈家族〉が、いかにシティズンたちの活動の場である公的領域における「自立的個人」というフィクションを支えてきたかを考察することは、従来のシティズンシップ論を脱構築することに繋がっている(6)。

近年では、「依存」も人間にとって避けられない必然的な状態、つまりノーマルな状態であることを認識し、それゆえケアすることのみならず、ケアされること、つまり他者の世話に「依存」することも、市民としての権利として保障するような思想と社会の仕組みを模索すべきであるという議論がなされている（cf. Fineman 2004; Kittay 1999; Knijn & Kremer 1997; Morris 1993; Sevenhuijsen 2000; 上野 2005; 大和 2008）。すなわち、「自立」はノーマルで望ましいこと、「依存」は逸脱で望ましくないこと、という従来の思考を超えて、「依存」も「自立」も人間にとってノーマルな状態であることを再認識し、人びとが他者に「依存」することを市民的権利として保障する仕組みを広げていく方途を探ることが、今日求められているといえよう。

4 市民権としての「ケア権」の構築

デボラ・ロードが指摘するように、伝統的な「権利」概念に基づくフレームワークの主な問題点は、「権利」がある限られた領域内で適用されてきたことに由来している（Rhodo 1990: 635）。つまり、これまでの権利は、自律的な個人の主権的自由の領域に囲い込まれてきたと言い換えられよう。それに代わるオルタナティヴな「権利」概念は、リベラルな社会において諸個人は「依存する他者をケアする基本的権利」を有しているのではないか、という問いに発すべきものと考える。そこで想定される「権利」は、「ケアする／ケアされる者」の福利を保障する、国家・社会・共同体によ

る公的な援助を受ける権利を包含している。(7)

先のウエストによれば、ケアワークは、いわばそれを担う階級としての女性を劣位な地位に配置してきたが、序章で見たように、これまで「ケア権（the right to care）」が真正面から考察されたことはない。従来のリベラリズムにおいて、個人の〝自律〟を保護する「権利」とは、たとえば選択・契約・財産・思想・言論の自由といった「基本的自由」をさし、リベラリズムの枠内で「ケア権」――ケアする／ケアされる権利――が考慮されることはなかったのである（West 2002: 91）。

すなわち、序章第7節にも述べたとおり、伝統的な権利論の枠内では、女性は（名目上）ケアワークの提供を〝強制〟されているわけではない。女性はケア提供者にならないことを「選択」することもできるし、もしケア提供者になることを「選択」するなら、彼女の貧困化は自らの選択の結果であり、自己の責任である。それらは単に、ライフスタイルの自由な選好の結果とみなされる。だが、すでに述べたとおりケアの提供は、他の「選択（choice）」とは明らかに異なるものだ。ケア提供者は事実上、依存する他者への道徳（倫理）的・情緒的責任から、ケアワークによる貧困化や機会の損失といった社会的不利益のリスクを負うのである。

たしかに、従来的なリベラリズムにおける「権利」は、諸個人における基本的自由を保障している。そこでの権利は、自律的な個々人の確固たる独立性（ないし公権力を含む他者の干渉を受けない自由）を保護するものとして捉えられてきたのであり、依存的・相関的・共同体的な義務を有した自己を保障する（べき）ものではなかった。むしろ従来の伝統的な権利は、そうした相関的な義務や依存状態が、個々人に負担をかけすぎないことを請け合うために存在してきたとさえいえる。

このように、従来の伝統的な権利は個々人の自由を保護するが、人びと間の責務をとおしてつくられる関係内で諸個人を保護することはない。より限定的には、何らかの責務的な関与や、人間の依存性によってもたらされる弱体化から諸個人を保護しない。前述のとおり、リベラリズムの見地からは、諸個人とは本質的に、他者の影響に縛られずに個別性を追求する、あくまで自律的で独立した自己なのである。個々人の諸自由を保護する従来の権利とは、第一義的に、国家の違憲行為や干渉に対する防壁なのであり、ここで諸個人は国家権力の干渉を排するものとしての「消極的権利（negative right）」を有しているが、国家による何らかのサーヴィスや援助（ケア提供者へのそれを含む）を受ける「積極的権利（positive right）」を有してはいない。また、たとえばケアワークによって公的生活から締め出されない（非差別の）権利や、ケア提供者になることを選択しない（あるいは強制されない）といったネガティヴな諸権利は、これまでケア提供者に対する公的援助等を含むポジティヴな権利にまで拡張されることはなかった（West 2002: 104–105）。

だが、これまで述べてきたように「ケア」は人間にとって中心的かつ根源的な生命活動であり、適正なケア提供は、リベラルな国家にも、完全な人間概念にとっても不可欠な要素である。とすれば、「ケア権」の構築はきわめて道理にかなったものであり（ibid.: 97）、ケアという活動の必要性と重要性を再認識しつつ、ケア提供者を、ファインマンやキッテイのいう「二次的／派生的依存」に陥れることを防がなければならない。したがって、そこではたとえば将来のケアの必要に備えた平等で安定した社会的給付や、父親による育児休業の延長などを含み、またケア提供者の二次的依存や単親家庭の貧困化を防ぐような「ケア権」の構築が要請されよう。前述のようにケア権の下では、ケア提供者とその依存者は、婚姻の内外を問わず、正当な請求権をもって公的援助を享受すべきものと捉えられる（ibid.: 110–111；齋藤 2003: 191）。

ところで、ケアをめぐるジェンダーの不平等に対するフェミニズムの批判は、おもに男女の性別役割分業を廃棄し、女性が男性と等しい条件のもとで労働市場に参加し、男性が家事・ケアワーク（＝無償労働）を女性と同等に分担すべきであるという主張として展開されてきた（齋藤 2003: 179）。すでに見たように、たとえばナンシー・フレイザーは、女性のみならず男性を含む誰もがケアワークを引き受け、具体的な他者の必要に応じていくという「普遍的ケア提供者モデル（universal care-giver model）」を提唱している（Fraser 1997）。そこでは、男女がともにケアを担い、双方とも一定の自由な時間を享受しうるように労働時間を縮減することや、人生のある時期に育児・介護・看護などのケアに専念できる休業制度を整備することなどが要請される。このように男性自身に変化を求めるフレイザーの議論は、社会の全域に浸透している従来的な性別役割分業を解体する力を備えているといえよう。

このモデルは、ジェンダーの平等を雇用の平等に還元せず、男性中心的な制度や慣行そのものに異議をしめしつつ、現存する「稼ぎ手／ケア提供者」という男女の性別役割分業を解体し、社会秩序の構成原理としてのジェンダーによるコード化を除去する点で有益である。ただしそこでは、ケアを〝負担〟としてネガティヴに捉えて、そのコストを〈家族〉というユニット内で（自己完結的に）その成員が平等に負担するという問題の立て方そのものを相対化する必要があるだろう。すなわち、誰もが普遍的にケアの担い手であるべきとするこのモデルは、両親とその子どもからなる近代家族を「ケアの自己完結的なユニット」とみなし、生命／身体にまつわる関係性の境界として位置づける従来的枠組みの批判的検討とその超克を伴うべきものと思われる。

言い換えれば、フレイザーの「普遍的ケア提供者モデル」においても、〈家族〉は依然としてケアの自己完結的なユニットと見なされており、ジェンダー間のケア負担における平等化は、基本的にこのユニット内で主張されている。つまりそこでは、家族が生命／身体とその必要《ニーズ》を外部から画する境界とされていることが問題化されていない。フレイザーの議論は、両親がともにケアの担い手になることが子どもの発育にとって最適であるとする（すなわち異性愛の両親が子どもをケアする家族のあり方を正常とみなし、それ以外のあり方を逸脱とみなす）これまでのフェミニズムの思考習慣から距離を取りえていない。後述するように、子どもの養育・ケアも他のすべてのケアと同様、単数ではなく複数の担い手によって引き受けられることが考慮されるべきであり、ケアの担い手が小家族の父母に限られること自体を問い直す必要があろう（齋藤 2003: 182-183）。

男女の性愛によって形成される小家族をケアの自明なユニットと見なし、父母による養育・ケアを子どもの精神的・道徳的発達にとって最も望ましいものと見なす議論は、両親のそろった家族をあらためて「正常な」ものとして描く効果をもつ一方、異性愛の両親がそろっていない家族（たとえば、ひとり親の家族や非異性愛に基づく家族など）を子どもの養育には相応しくない「欠損家族（risk family）」として描くイデオロギーの再生産に与することになる（同書：184）。

むろん、子どもは自らを養育・ケアする人びととのあいだに、安定した親密な関係性を保つべきであるが、このことは、そうしたケアの担い手が異性愛の両親でなければならないということを必ずしも意味しない。従来言われてきた「父性」や「母性」は、これまでのジェンダー秩序のなかで男女に非対称的な仕方で構築されてきたものであり、男女がそれぞれ固有の属性として排他的に所有しているものではない。誰もが普遍的にケアの担い手であるべきという思想は、両親とその子どもからなる近代家族というこれまでの枠組みを超えて浸透させていく必要があると考える。

すでに見たとおり、男女が性愛によって結びつく近代家族のあり方を「性的家族（sexual family）」[8]とよび、セクシュアリティという〝横の〟親密性によって家族を定義しようとする思考習慣そのものにラディカルな批判を加えるファインマンは、家族を〝ケアの結びつき〟によって再定義する方向で「必然的依存」が引き受けられる関係性を探るなかで、「母子対（the Mother/Child dyad）」を基本的な家族パラダイムの核に代替するものとして提示した。彼女によれば、「母子対」は現在の（物質的・観念的な）社会的支援の対象を、「性的家族」から「養育単位」に移すための構造的・イデオロギー的な基盤を提供するものであり、われわれの社会の法律と政策は、このユニットのニーズに注目することを要請される（Fineman 1995=2003：257）。

前述のように、むろんファインマンは、ここで「母性イデオロギー」の復権を意図しているわけではない。〈母〉は「私事化された依存」の引き受けを示すメタファーであって、たとえば単親家庭の父のこともある。〈子〉は「身体的ケアの必要を体現した象徴的な存在者」であって、たとえば介護を必要とする高齢者のこともある。つまり「母子」の二者関係《ダイアド》は、「必然的依存」をめぐるケアの担い手と受け手のあらゆる関係性を表しており、それは、性的家族の基本単位を構成する夫・妻の二者関係《ダイアド》に置き換えうるものだ（ibid.: 257）。

これまで「母子」は、しばしば「必然的依存」を私的領域のなかに完結させえず、公共的＝社会的な資源への「依存」を求める先の「欠損家族」として表象されがちであったが、ファインマンはそうした否定的なイメージを反転させて、それをあえて新しい「家族」の構成単位《ユニット》ないしモデルとして提起していると見ることができよう。彼女によれば、そのような新しい「家族」モデル―養育とケアのための保護された空間―は、国家から特別に優遇される処遇を受ける権利をもつべきものである。そして、新しい家族の境界は依存的な存在を中心に引かれ、家族のプライバシーの概念の境界ともなる（ibid.: 254）。

5　依存にまつわる関係性のユニット
――近代家族を超えて

したがって、「ケア権」の構築にあたっては、序章第8節でも述べたように、依存を必要とする者とそれに応じる者によって形成される関係性のユニット（＝養育とケアのための保護された空間）を「家族」という表現に限定しないことも考慮に入れる余地があると考える。というのも、「家族」という言葉は、単に異性愛主義の色あいを帯びているのみならず、生命／身体とそれにまつわる事柄（必然的依存を含む）がそれを越えてはならない境界を強く示唆するものであるからだ。「家族」という言葉を用いるかぎり、ファインマンのいう「必然的依存」はやはり身近にいる特定の人びとによって引き受けられるべきとする含意は払拭しがたい（齋藤 2003：191）。たとえばファインマンは自身の近著において、これまで国家（法的制度）によって優遇されてきた「家族」[9]──しかし今や脆弱となった受け皿──が、婚姻といった「性の絆」を基軸とし続けることの限界を衝き、代わりに、ケアし／ケアされる者の関係としての「ケアの絆」こそを法的保護の対象とし、これを「プライバシー」として擁護すべきことを主張した。「もし私たちが依存に取り組み、家族への社会的・経済的扶助を使ってケアを確実なものにしようと望むならば、どうしていっそケアの担い手と依存者との直接的な関係に着目しないのだろう」と、彼女は述べている（Fineman 2004=2009：99）。

前述のように齋藤純一は、具体的な他者の生への配慮ないしケアを媒体とする関係性を描こうとする場合の、「家族」に代わる言葉として「親密圏（intimate sphere）」を提示している（齋藤 2003：191）。ここでの親密圏は、法的保護とプライバシーの対象であり、完全に外に開かれたものではありえないが、かといって一切の距離が失われるような完全に内閉した空間でもない。そうした、いわば共生的コミュニティは、一対の特定なセクシュアリティによる結びつきからも、また生命／身体に関する閉域の設定からも比較的自由であり、それが描く関係性のなかには、たとえば人びとが必要に応じて他からの支援を導き入れながら互いをケアする関係性が含まれうる。序章にも触れたとおり、具体的な他者の「必然的依存」を引き受ける人びとが特定の他者への「二次的依存」に陥らずにすむような関係性の創出と維持は、たとえば「グループホーム」という形態や、さまざまな自助グループにおいてもすでに試みられており、そのような関係性を描くためには「家族」に代わる言葉が必要と思われる。あるいは、第一章で見た「親密な人的結合の自由」の構想を、ここで適用しうるかもしれない。

ケアが家族にとって多大な負担になるのは、主たる介護者ないし育児者（多くは女性）が単独で全てのケアを担いがちであり、ケアと他の社会的活動（職業労働、地域活動、趣味、レジャーなど）との両立が困難となるからである。もし、家族や親密圏にある人びと、および専門的サービス提供者やＮＰＯなど複数の人びと間でケアを分担することが容易になれば、その負担感はだいぶ減じられるのではないだろうか。複数の人びとによるケアの分担によって、ケアを要する者の家族成員が、ケアと他の社会的活動とを両立させうるような制度整備を含む交流空間ないし協働空間をデザインしていくことが望まれる。そして、ここにおいて人びとは、公的領域と私的領域の双方で、自立するときは自立し、依存が必要なときは依存する権利をもつ存在とみなされる。

序章で見たように、ケアをめぐる問題の多くは、ケアを求める者とそれに応じる者とが、他から切り離された閉鎖的な空間のなかに放逐され、互いが互いへと拘束される膠着した関係性を余儀なくされていることに起因している。そうしたケアの私事化（内閉化）によって生起する困難をできる限り減じるためには、生命／身体に関わる事柄がその外部に出ないように「家族という境界」を設けてきた思考と行動の習慣を見直す必要があると考える。これまで〈家族〉は、身体と身体とが接触する関係性の境界を画すものとして位置づけられ、近代の社会秩序は、身体接触が正当なものとして許される空間と、そうではない空間とを峻別してきたといえる。ケアないし依存を私事化する秩序のあり方を問い直し、それを公共的なものに開いていくためには、〈家族〉を生命／身体がそのなかに封じ込められるべきユニットとして位置づける見方そのものを再考することが肝要であろう（齋藤 2003：188）。

さらに加えて、たとえばキースとモリスは、「介護者支援」をめぐってイギリスで一九九〇年代に主要な政策課題としてとりあげられてきた「ケアラーを認知し支援する」というテーマ設定を、障碍をもつ当事者の権利という観点から批判的に論じている（Keith & Morris 1995）。批判の対象として例示されたのは、障碍のある親をもつ若年の子どもを「若年介護者（young carer）」として認知・支援することを主張する言説である。そこでは、介護者支援策として主に「介護者」がそのケアを短時間中断できる「レスパイト・ケア」、作業を軽減する用具、「介護者」のための支援グループなど、「介護者」の介護負担を軽減するサーヴィスなどが語られるが、こうした支援論の前提には、「介護者」とみなされた者の家族内における無償労働が今後も継続し、政府はこの無償労働を支援する具体策を講じるべきとの状況理解が存在すること、またそうした議論の枠組みにおいて、障碍者や高齢者は「介護される依存的存在」、そのパートナーや家族らは「介護者」として前提されていることなどが指摘された（ibid.: 42）。

キースらによれば、「障碍をもつ親」側のニーズに焦点を当てるなら、その親が必要とするのは、自分の子どもが専ら親の「介護者」と前提され、その子どもに「介護者向けの支援サーヴィス」が提供されることよりも、むしろ子どもの教育機会や社会的機会に対する権利を含む「ウェルビーイング」が介護により侵害されず守られること、そして親自身が、障碍のない親と同じように、家族に関する諸事項を決定し養育者としての役割を果たすための支援を、家族の外部から受けることである（ibid.: 42-43）。これまで、介護者支援の主張においては総じて、家族が具体的な介助や身体ケアを提供するということ、つまり介護者としての家族の存在が政策側にも「前提」とされてきた。しかし、新たに認知すべきことは、障碍をもつ人びとに対してどのような支援を具体的に保障するかによって、その家族員が果たす役割や、家族員への支援の主眼も変化しうるということである。

すなわち、たとえば障碍者や高齢者に、他の市民と同様の生活に近づくための具体的支援がいかに保障されているかという問題が考慮されなければ、介護者支援の主張は、障碍者や高齢者とその家族との関係を「ケアされる者」と「ケアする者」として固定化し、現に介護を担っている家族員がなぜ介護者となっているのかを問わないまま、「より介護者らしくなるための施策」を主張することにも繋がりかねない。子育てや老親介護、あるいは障碍をもつ者の介助をおこなっている家族の「支援」を強調することは、結果的に、これらのケア機能が本来的には〈家族〉の役割であることを再認識させるという（意図せざる）効果をも有していることに注意が必要である（森川 2008：48）。

ファインマンのいう「必然的依存」は、それが具体的（人称的）な関係性において誰かによって引き受けられることを要請している。ここでたとえば、施設への入居によるケアの社会化（ケアの施設化）は多くの場合、ケアを求める者にとってはそこからの「退出」オプションが実質的に封じられ、（準）閉鎖的な空間のなかで、自らをもっぱら保護の眼差しで眺める他者との関係性に拘束されることになりがちである。齋藤も指摘するように、「必然的依存」をめぐるケアの問題は、近代家族のなかに私事化されるのでもなく、もしくは施設に「収容」するという方向で社会化されるのでもない仕方で市民社会において受けとめられ、脱‐私事化される必要があろう（齋藤 2003：190）。すなわち、ケアに関わる人びと――すべての当事者――の「心地よい生／良好な状態」（原義における well-being）や生活の質（ＱＯＬ）に照準するならば、自宅か施設か病院かを問わず、その空間がさまざまな活動や交流に開かれ、いかなる状態で何処にいても、人びとがある閉域に囲い込まれないことが、一方向的ではないケア（＝心身両面への配慮）を生みだし、持続的共生を可能にするための基本的な要件であると思われる。

ここにおいて、「ケア」を家族の内部に閉ざすことなく、その外に拡がる関係性に開いていくことが要請される。そのためには、ある特定の他者に向けられる極めて濃密なケアを、その通常のあり方と見なすような発想を改めて問い直す必要があろう。他者への配慮やケアには、元よりさまざまな濃淡がありうるし、家族の内外で仕切られるべき必然性もない。人びととの生命／身体とその必要への応答は、単数の、内に閉じた、距離を欠く、過度の濃密性のなかに閉ざされるべきものではなく、具体的な他者の生への配慮ないしケアを媒体とする親密な関係性には、さまざまなかたちがあってよい（齋藤 2003: 194）。

私はここで広義の「ケア」を、「諸個人のウェルビーイング（心地よい生／良好な状態）を維持するための心身両面への配慮」と捉えたいと思う。ケアを私事化する社会秩序のあり方を問い返し、それを公共的なものに開いていくためには、〈家族〉を生命／身体がそのなかに封じ込められるべきユニットとして位置づけてきた旧来の見方を問題化し、相対化していかなければならない。つまり、他者の生に困難を見出し、それを緩和する責任は、私的な圏域の内部倫理に限定されるべきものではなく、ひろく公共圏に開かれていくべきものと捉えられる。

6　相互に応答しあうシティズンシップ論の可能性

さて、具体的な他者をケアすることにおいて、他者の心身に関与することは不可避であるが、このケアの関係性が、いかに支配のないものとして保たれうるかが重要である。序章第6節にも述べたとおり、支配のない関係性を保つために避けられるべきは、「恣意的な干渉（arbitrary interference）」である（Pettit 1997: 55–58）。他者に対する干渉が恣意的でないための条件とは、ペティットによれば、一方が他方の求めるところ（ニーズや願望など）を実際に「跡づける（trace）」ことであり、一方向的に推量することではない。つまり、〝相互性〟や〝双方向性〟を維持することが、支配を回避するための条件と考えられる。また恣意的な干渉が避けられるためには、(ここでは)ケアを受ける者が、その関係性から「退出」しうる条件が制度的・実質的に確保されていなければならない。だが先述のように、ケアが私事化されている場合には(前節の後半に触れたケアの施設化も含めて)、そうした「退出」の途は確保されがたい。

つまり、ケアを脱‐私事化し、それを特定の固定した関係性に封じ込めないことは、ケアする者／ケアされる者の関係性が支配のないもの(非‐支配:non-domination)に保たれるための不可欠な条件でもある。その意味でケアは、単に具体的な他者への配慮に終始するものではなく、その他者との関係性をいかに支配のないものに保つかへの配慮、つまり、その関係が相互性を欠いたものに傾く場合にはそれを修復することへの配慮としても捉え直される必要があろう(齋藤 2003:192)。

本章第2節に触れた「正義対ケア」の対比において、〈正義の倫理〉はいわば「何が正義に適うか」という問いに主導されているのに対して、〈ケアの倫理〉は「他者のニーズにどのように応答すべきか」を重視する(川本 2004:20)。だがここで留意すべきは、ギリガンの議論において、二つの倫理はそれぞれ「公共的な領域における倫理」と「私的な領域における倫理」として二項対立的に位置づけられているものではない、ということだ。つまり、他者の生に苦難を見出し、それを緩和する責任(Gilligan 1982:100)は、私的な圏域の内部倫理に限定されているのではない。〈ケアの倫理〉は、具体的な他者の困難に応じようとするものではあるが、そうした他者は、すでに親密な関係にある他者であるとは限らない。その倫理が希求する理想像は、「誰もが、他人から応えてもらえ、仲間としてみなされて、誰ひとり置き去りにされたり傷つけられたりしてはならない」(Gilligan 1982: 63) というヴィジョンである。

ギリガンのこの見方には、家族という私的領域においてはケアを担うべき責任が自己完結的に課される一方、それを越えた領域ではその責任が完全に免除されているとする、「他者への責任」に関する従来の境界設定を覆していく可能性が含まれている(齋藤 2003: 193-194)。またしばしば、そのように解されがちであるが、ギリガンは〈正義の倫理〉と〈ケアの倫理〉という二つの倫理を男女のそれぞれに振り分け、両者が相互補完的に結びつくことを求めたのではない。彼女は、互いに緊張関係にある二つの倫理をともに涵養していくことを男女双方にとっての成熟とみなし、「二つの倫理の統合」を、人間の心理的な成熟の目標に定めたといえる。その統合は、「一般化された他者」(法的権利の主体) でありかつ親密圏における「具体的な他者」(ニーズを訴える主体) として仲間たちを捉え、そうした仲間と自分自身とを切り離すことなく、一本化された観点で把える見方を培うことに重なっている。

序章第8節で見たように、ノディングスは「正義」と「ケア」を二項対立させることなく、両者の相互作用を見極めようとするなかで、権利(および公共的な生活)とケア(および私的な生活)との連繫を説く。すなわち、善く生きることが可能でありかつ魅力的であるような世界を創造するという目的のためには、ケアの私的倫理だけでなく、ケアの公共倫理 (a public ethic of care) も有用なのである（Noddings 2002: 301-302）。そして、「ケアの公共倫理」が要請するのは、「他者を傷つけないこと」「危害を避けること」、つまり誰もが他人から応答され、包摂されていること、誰も一人で置き去りにされず傷つけられないこと（Gilligan 1982: 63）、という先の気遣いである。

ギリガンは〈正義の倫理〉と〈ケアの倫理〉について、前者を個々人の「別個性（separation）」の尊重、後者を「つながり（connection）」の尊重として対照させているために、しばしばケアする／ケアされる者の関係は、軋轢のない一体的な関係を前提していると考えられがちである。しかし、親密な関係性を前提とするケア関係を想定することは、ケアは女性が家庭内で一身に担うべきものとするジェンダー規範を固定化させ、社会はケアを必要とする者を放置する状況をつくってきたのではないか、と問い返されなければならない（岡野 2007: 133）。ギリガンのいう「誰もが応答される」こととは、自他の「一体感」ないし他の人への「代替不可能性」を超えて、個別具体的な状態にある他者に応答するということを意味しており、ケア関係でしめされる責任は、まさに私的な親密性を超えてこそ果たしうることを示唆するものではなかろうか。

つまり、岡野も指摘するように、普遍的な関係にある他者は「誰であってもよい」関係にあるのに対して、ケア関係に代表されるような個別具体的なニーズをめぐる呼応関係は、その関係性を維持するなかで、そうした諸個人の人格や尊厳にも関わる承認がなされる関係性であるゆえに、ギリガンがいうように、その関係性に「全ての人が含まれていなければならない」のである（岡野 2007: 134）。ギリガンが、ケアの倫理を「公的な倫理」として提唱しようとするのは、ケア関係においてわれわれは、人としての生存に関わる能力を養われているからである。ケアの実践において育まれる倫理を、公的な徳性を涵養するものとして評価し、そうした養育に「全ての人」が与えられることを、重要な社会的責任のひとつとして配慮していく必要があるのではないだろうか。

すなわち、〈ケアの倫理〉が第一に問い返し、避けるべきとするのは、「他者への危害」の社会的創出である。つまり、さまざまなジェンダー規範を含む文化的・社会的・歴史的な慣習から、実は多様なかたちで特別な関係性を結べたかもしれない人びとを排除している――たとえば、老親の世話は実の娘に限る、あるいは子の世話は産みの母親に限る、といった固定観念を伴う――ために、ケアされないで危険にさらされやすい存在を「社会的に創出している」ことが問題なのである。「傷つきやすさ」の配置における不均等をなくすことが、〈ケアの倫理〉から導出される、市民たちが分有すべき「責任」であるといえよう（有賀 2008: 191; 岡野 2007: 134）。このことは、前章第3節で触れたヤングによる社会正義の定義、すなわち「制度化された支配と抑圧の除去」（Young 1990: 15）にも相通ずるものと思われる。

これまで、ニーズや依存にまつわるケアをめぐる議論は、市民ではない誰かのための議論として、政治的な価値を有しないというスティグマを付されてきた。しかし、人としての人格や尊厳が育まれるのに不可欠なケア関係を、新たなシティズンシップ論の中軸をなすものとして論じることが、今日の政治理論における主要なテーマとして浮上しているのではなかろうか。

7 「ケア権」の構築とウェルビーイング
——人格的平等の実現に向けて

フェミニストたちが指摘したように、リベラリズムはこれまで、世界を公的領域と私的領域とに二分し、私的領域を政治から分断することによって、ケアワークという依存にまつわる問題を脱政治化してきた。フェミニスト・シティズンシップ論が明るみにするのは、社会において等しく尊厳を保たれるべき人格は、人びとが形成する社会的関係の複雑な網の目からなる〝流動的〟な境界線のあいだに、また他者との多様なネットワーク的関係性のなかに存するゆえに、シティズンシップ論が予め議論の対象から外すべき人間関係は存在しない、ということである。前述のとおり、新しいフェミニスト・シティズンシップ論は、これまでの普遍主義的なシティズンシップ論が不問に付してきたもの、あるいは視野の及ばなかったものを絶えず再検討しながら、そこに記されていないものの意味を読みとくことから切り拓かれていくものではないだろうか。

序章で述べたように、リベラリズムの最も中核的なテーゼは「正の善に対する優位」であった。だが実のところ、リベラリズムそれ自体のなかには、「人びとにとって何が善であるか」について、積極的な主張が織り込まれていることが少なくない。たとえばロールズは『正義論』(Rawls 1971)から一貫して、社会を構成する人びとが一定程度の公共理性をそなえた、道徳性をもつ道理的な人格であることを前提している（盛山 2006b：9）。また、センが「潜在能力」という概念に着目しているのは（Sen 1985=1988：35-36）、自己がある目的を構成するためには、その目的を達成できる可能性（潜在能力）を諸個人が有すべきことを意味している。

またウォルツァーは、「複合的平等」という概念と「共同の成員に対する平等な配慮」という理念を提起している（Walzer 1993）。つまり平等主義はしばしば、人びとの社会生活の多様な側面のうちある単一の次元に即して捉えられるが（たとえば所得の平等）、人びとにとって重要なのは所得だけではない。ここでウォルツァーは、社会には多様な価値があるため、そのうち一つだけの平等化を唱えることは他の価値を無視することに繋がり、また異なる価値における人びとの序列づけ（勉強ができる、運動ができる、指導力がある、等々）が一体化してしまうことは、価値を一元化することに繋がってしまうと考えるのである（盛山 2006b：15）。

ウォルツァーが重視するのは、同じ社会の成員に対する「平等の配慮」であり、彼は「貧窮している成員に財が提供されるべきことはもちろんであるが、それはメンバーシップを維持するような仕方で提供されなければならない」（Walzer 1993=1999：129）としている。

つまりその平等主義は、スティグマを付したり自尊感情を喪失させたりするような平等化であってはならない、ということを意味する。盛山によれば、ロールズやドゥオーキンの平等主義の根底にあるのも、これとほとんど同じである（盛山 2006b：15）。すなわち、ドゥオーキンは『権利論』のなかで、「平等な配慮と尊重を受ける市民の基本的権利を保護する」ことが、社会の政治的制度の規範的原理であると述べ（Dworkin 1977=2001: 73）、またロールズは『公正としての正義』のなかで、「人びとの間での持続的で互恵的な配慮としての相互性」こそが、平等主義の根底にあると強調している（Rawls 2001=2004）。

盛山も指摘するように、ここにおいて、平等の理念の二つのレベルを区別した方がよいことがわかる。つまり一つは、人びとが享受する厚生、財、資源、機会などにおける「指標的平等」であり、もう一つは「人格的平等」の理念である。これは、個々人がともに生きる共同の社会の成員として同格のものとみなされ、同等に扱われるべきことを主張するものといえる。ここで平等主義的主張の多くは、「人格的平等にとってあるタイプの指標的平等が必要不可欠である」と主張していると解することができよう。さまざまな指標的平等は、それ自体として価値があるのではなく、人格的平等にとってどのような指標的平等が重要かという問いへの答えとして価値づけられるのでなければならない（盛山 2006b: 15–16）[(10)]。

そうであるならば、全ての人間の条件である「依存」に、スティグマが付されないこと、すなわち「依存する権利」を現代社会における市民権として保障していく方途を探ることが、今日の市民社会に求められてくるのではないだろうか。そこでは、リベラリズムの伝統的な「権利」概念が、ケアする／ケアされる者のニーズに応えうるものへと修正・拡張され、市民権としての「ケア権」と、それを基軸とする新たな公共圏が構築されていくことが望まれる。

本章の冒頭に述べたように、人間の普遍的現実としての「老い」や「サファリング」に照らしてみれば、個人のウェルビーイング（心地よい生／良好な状態）をめぐる気遣い・配慮・関係性を紡ぐという意味でのケアは、すべての人びとに共通する事がらである。こうした意味のケアを考えるならば、諸個人のライフデザインとしての「ウェルビーイング」の実現は、「全ての人びとに共通に必須の生のスタイル」として追求されるものといえよう（鈴木編著 2009: 9）。先の〈ケアの倫理〉の根源には、他者への「共感能力」や「感受性」が存在するが、ここで重要なのは、〝女性原理〟とされた〈ケアの倫理〉を、女性だけのものに留めるのではなく、全ての人びとに共通の倫理として一般化し、それを何らかの社会的な制度化につなげていくことと考える。

そして、〈ケアの倫理〉は、具体的な他者の困難に応じようとするものであるが、そこでの他者とは、すでに親密な関係にある他者とは限らない。その倫理が希求する理想像である、「誰もが他人から応答され、包摂されていること、誰も一人で置き去りにされず傷つけられないこと」（Gilligan 1982: 63）という先のヴィジョンに適った「ウェルビーイング」を実現するための交流空間ないし協働空間をデザインしていくことが、今日求められているといえよう。それはまさに、ジェンダーの衡平にとって社会が従うべき基底的な規範的原理を追究する「フェミニズム正義論」の視座と重なり合うものである。

これまでの「ケアの私事化＝ケアの女性化」に代わるオルタナティヴは、男性の〝社会権〟（人間らしく生きる権利）としての「ケアする権利」も確保しつつ、全ての人びとが「依存する具体的な他者」の必要に対してさまざまなかたちで柔軟に応じていくことではないだろうか。そうした交流空間の創出とともに成るウェルビーイングを基底として、「ケアする／ケアされる」という、全ての人びとが共有するケアの実践に関わる権利—すなわち「ケア権」—が、あたりまえの保障として市民社会のなかに位置づけられることが肝要であると考える。そして、シティズン一人ひとりのウェルビーイング—ひいては自己実現—を導くうえで、新たなフェミニスト・シティズンシップ論のヴィジョンが有効であるにちがいない。

注

（1）鈴木編著（2009:9）、および鈴木・藤原・岩佐編著（2010:i）参照。両文献は、いずれも鈴木七美氏が代表をつとめる国立民族学博物館共同研究「ウェルビーイング（福祉）の思想とライフデザイン」（二〇〇八〜二〇一一年度）、および日本学術振興会科学研究費補助金による研究（基盤B）「少子高齢・多文化社会における福祉・教育空間の多機能化に関する歴史人類学的研究」（二〇〇九〜二〇一一年度）の成果である。なお、有賀自身も参加する両プロジェクト研究の一端については、有賀（2009）を参照されたい。

（2）リベラル・シティズンシップが国家における普遍的なシティズンシップを確立し得たのは、厳格にシティズンシップを「法的な地位」として形式的に設定し、等しく法的地位を認められたシティズン間において何が公的な議論としてふさわしいか—たとえばロールズのいう「社会的基本財」の配分—を、そのシティズンシップ論の前提として想定していたからであった。しかし岡野によれば、この厳格な公的議論の想定は、皮肉にもリベラリズムが擁護しようとした人間の生に見出される価値の多様性の貧困化を招いてしまった。なぜなら、価値の多様性から生ずるような軋轢は、政治的議論としてではなく、〝私事〟として取り扱うという方法で、リベラリズムはシティズンシップの普遍性を担保しようとしたからである（岡野 2003: 37）。

（3）有賀（2008）および岡野（2007）などを参照。たとえば、Fineman（1995, 2004）, Kittay（1997, 1999）, Noddings（1984, 2002）, Tronto（1993）, Young（1997）, West（1990, 2002）などに、そうした視点が顕著にみられる。

（4）Fineman（1995）および Kittay（1997, 1999）など。

（5）Gilligan（1982）およびその議論に影響をうけた Noddings（1984, 2002）など。

（6）たとえば、岡野（2003, 2007）、また Tronto（1993）など。

（7）West（2002）を見よ。また Minow & Shanley（1997）も参照。

（8）ファインマンは「性的家族」を、「正式に認められた異性愛による夫婦の絆を核とした単位」（Fineman 1995=2003: 153）と定義している。

（9）ここで家族ないし結婚とは、ごく限られた性愛のかたちを正当化し、それに与える種々の特権や特典（所有・相続上の権利、税制上の控除、社会保険上の優遇措置など）をインセンティヴとして成り立っている制度と捉えられる。

（10）ここでは、たとえば先にみたマーシャルの三段階の平等化も、人格的平等にとって必要とみなされた指標的平等の三タイプと捉えうる（盛山 2006b: 15）。

あとがき

前作『現代フェミニズム理論の地平』（有賀 2000）を上梓してから、十年あまりの歳月が流れた。一九六〇年代に始まる現代フェミニズム理論の変遷を追い、その全体像を描くことを主眼とした同著の刊行後、次の研究ステージにおいて自ら問い続けてきたのは、今後フェミニズムが考究し社会に発信していくべき正義とは何か、ということだった。そして、私にとっての「フェミニズム正義論」に固有の課題とは、法哲学ないし政治哲学のフェミニズム的解釈で擁護されるべき価値とは何であるのか、という問いに直接かかわることであった。本書は、そうした問いかけをめぐる探求の軌跡をかたちにしたものである。

ここに、本書をとおして自分なりの「フェミニズム正義論」像を描いてみるという機会に恵まれた幸運は、実に多くの方々の温かく心強いお励ましやお力添えの賜物である。

まずはじめに、本書にひとまず結実した私の探求の軌跡は、東京女子大学女性学研究所という仕事場での日々の営みとともにあった。同研究所が一九九〇年に誕生してから二十年あまり。その創設以来、専任の教員として女性学をめぐる諸々の仕事に快く携わってこられたのは、つねに女性学やジェンダーという新しい視点の重要性に深い理解をしめし、それをめぐる研究と教育への全学的な支援を惜しまない本学の研究・教育環境に拠るところが大きい。その恵まれた環境を支えて下さっている法人の方々、また歴代の学長・研究所長はじめ副所長を含む委員の諸先生などすべての関係各位に、あらためて心からの感謝を申し上げる。

加えて、私の担当する女性学関連の講義や演習においては、瑞々しい感性をもった学生たちが皆主体的に授業参加し、自らの生き方と重ね合わせてさまざまな「ジェンダーの気づき」や視野の広がりを習得してくれている。そうした学生たちからのポジティヴなコメントは、いつも大きな励みである。

そして私にとって、二〇〇〇年度から二ヵ年にわたる一橋大学大学院法学研究科への在籍は、法学研究の一大拠点に身をおいたことによる大きな刺激と、そこで得られた最先端の貴重な知見の数々とともに、それまでの断片的な研究の蓄積をつなぎ、一つの「フェミニズム正義論」像を立ち上げるうえで真にかけがえのないものとなった。

法哲学の泰斗でおられる森村進先生のゼミナールに所属し、先生の卓絶したご造詣から縦横に繰り広げられる圧巻の法哲学論からは、その真髄を学び多大な啓発をうけた。また、いまでは気鋭の法哲学者として弛《たゆ》みなく質の高い業績を積まれている関 良徳《よしのり》、鳥澤 円《まどか》、内藤 淳《あつし》各氏、ならびに法曹界や出版界でそれぞれ活躍されている才気に富んだ森村ゼミのメンバー諸氏と毎週机を並べて相互に切磋琢磨しあった〝白熱教室〟での経験は、私にとってまさに貴重な宝ものである。数年前には、本書の元となった小論の抜刷が、関ゼミにおける教材の一つに加えられたという同氏からの知らせを、大変うれしく拝受した。

またもう一つの白熱教室は、同大学院の「基礎法部門」に置かれた「法文化構造論」の合同ゼミであった。その構成は、森村先生のほか、いずれも基礎法部門の担当教官でおられる青木人志先生、山内進先生（現・一橋大学長）、屋敷二郎先生、ジョン・ミドルトン先生、またその後退官されて同大名誉教授となられた西村幸次郎先生らご自身と、各ゼミの（社会人を含む）メンバー諸氏の輪番による多彩なテーマをめぐる発題と質疑応答からなる。この、きわめて刺激的かつ清爽な高めあいの場にあっては、各分野における最前線の研究動向はもとより、幾多の場面で、研究・教育にあたる上での意識や姿勢のあり方を身近に学ばせていただいた。私自身の研究報告において頂戴した幾つもの有益なご示唆やコメントは、みな今日の糧となっている。そのような場所に居合わせたことの幸福を、心からありがたく思う。なお、偶然にも青木先生には、その間を含め複数年に亘り東京女子大学（文理学部社会学科）で「法学―日本法の構造と特質」の名講義をご提供いただいたことにも、重ねての感謝を申し上げたい。

さらに、二〇〇八年秋から三年半の予定で、私は国立民族学博物館の共同研究員として「ウェルビーイング（福祉）の思想とライフデザイン——多機能空間の創出と持続的活用の研究」プロジェクトに参加している（研究代表者：鈴木七美・同館先端人類科学研究部教授）。同プロジェクトの主眼は、しばしば〝welfare〟とともに「福祉」と訳されてきた〝well-being〟という語にあらためて着目し、いわば「施す側」から「施される側」への一方向的な支援に留まらない、双方向的・相互作用的な関係性に開かれた新たな「福祉＝ウェルビーイング」の様相について、学際的な考察を進めることにある。

同プロジェクトに基づく数回の国際シンポジウムからは、これまで「社会的弱者」や「非理性」とされた人びとを〝対象〟とした援助や介護と結びつけて論じられがちであった〈福祉〉という領域をめぐって、関わる者すべて——すなわち〝当事者〟——の「心地よい生／良好な状態」（原義における well-being）に注目する視点の有用性を捉えることができた。また、共同研究会での私自身の発表においては、ケアやウェルビーイングのあり方をめぐって鈴木七美氏はじめメンバーの方々から幾多の有意義なコメントやご指摘をいただき、それらを本書の内容に反映させることができた。この場を借りて、厚くお礼を申し上げたい。

今日の社会における少子高齢化に伴って、ケアや介護への関心がいっそう高まっている。わが国においても介護保険制度が二〇〇〇年四月に施行され、介護の「社会化」という謳い文句が広く流布された。しかし制度開始後十年を超えて、介護保険利用者の急増に伴う介護総費用の上昇や給付水準の引き下げとともに、家族介護を当然視する家族規範の根深さという問題が浮上してきた。三世代同居論復活のきざしもあると聞く。また、介護保険制度の施行に伴って、ケアが「恩恵」から「権利」へと転換する端緒が開けたといえるが、本文中でも述べたとおり、今日「ケアされる権利」が保障されているとはいいがたい。そうした状況をふまえ本書では、「フェミニズム正義論」の視座を基底として、家族成員同士に限定されない社会全体の「心地よいケア」の絆をつむぎ出すための道筋を探ろうとした。

そのような本書の企画に深い関心をしめされ、この度の刊行を強力におすすめ下さった勁草書房の松野菜穂子さんに、心から感謝の気持ちを伝えたいと思う。綿密で細心な編集の作業はもとより、松野さんのいつも迅速なレスポンスと機敏な工程の進行のなかに、常づね（しなやかな）プロとしての覚悟を感じている。

そして、最後になったが、大学人である夫の有賀裕二には、いつも研究者としての確たる矜持と教育者としての真摯な熱意を、また日常においては、つねに前を向いて歩むことを教えられている。あらためて、深い感謝の意を表したい。

フェミニズム理論の軌跡はこれまで、日常の個人的な経験を共有し他者との対話を重ねつつ、経験に概念的形式を与え、個人的なものを政治的なものとして明らかにすることによって描かれてきた。フェミニズムを家父長制的なバイアスのない一つの思想として社会に根づかせ、さらに汎用性に富む人間の学としての知識体系と成すことをめざす共同作業をとおして、新たなフェミニズム理論の軌跡が今後どのように描かれてゆくのだろうか。少子高齢化やグローバル化の進行という現代社会の状況に鑑みた、これからの交流空間ないし協働空間のすがたを視野に入れながら、今後も弛《たゆ》みなく注視していきたいと思う。

二〇一一年　初夏の国立にて

有賀　美和子

初出一覧

［単行本化に際しては、各稿に加筆・修正をほどこし、大幅な再構成をおこなった。］

序　章：

「フェミニズム正義論の新展開―ケアワークの再配分を軸として」，東京女子大学紀要『論集』第57巻2号（2007年3月）151-183頁．

第一章：

「『フェミニズム正義論』の射程とその可能性(1)―家族内の正義をめぐって」，東京女子大学紀要『論集』第53巻1号（2002年9月）131-166頁．

第二章：

「『フェミニズム正義論』の射程とその可能性(2)―契約に基づくアプローチをめぐって」，東京女子大学紀要『論集』第54巻1号（2003年9月）129-162頁．

第三章：

「家族の多元化と親子関係―契約概念導入の可能性」，有賀美和子・篠目清美ほか編『親子関係のゆくえ』（勁草書房，2004年）181-219頁．

第四章：

「普遍主義的シティズンシップ論批判の展開―ジェンダー論の視点から」，東京女子大学紀要『論集』第58巻2号（2008年3月）183-208頁．

終　章：書き下ろし．

「フェミニスト・シティズンシップ論の新展開―市民社会における『ケア権』の構築に向けて」．

索　引

サ　行

タ　行

ナ　行

ハ　行

参考文献

安念潤司（2002）「〈人間の尊厳〉と家族のあり方―〈契約的家族観〉再論」,『ジュリスト』1222号.

Arendt, H.（1958）*The Human Condition,* Chicago: University of Chicago Press（=1994, 志水速雄訳『人間の条件』〔ちくま学芸文庫〕筑摩書房）.

有賀美和子（2000）『現代フェミニズム理論の地平―ジェンダー関係・公正・差異』新曜社.

有賀美和子（2002）「『フェミニズム正義論』の射程とその可能性(1)―家族内の正義をめぐって」, 東京女子大学紀要『論集』53(1).

有賀美和子（2003）「『フェミニズム正義論』の射程とその可能性(2)―契約に基づくアプローチをめぐって」, 東京女子大学紀要『論集』54(1).

有賀美和子（2004）「家族の多元化と親子関係―契約概念導入の可能性」, 有賀美和子・篠目清美ほか編『親子関係のゆくえ』勁草書房.

有賀美和子（2007）「フェミニズム正義論の新展開―ケアワークの再配分を軸として」, 東京女子大学紀要『論集』57(2).

有賀美和子（2008）「普遍主義的シティズンシップ論批判の展開―ジェンダー論の視点から」, 東京女子大学紀要『論集』58(2).

有賀美和子（2009）「『ウェルビーイング』をめぐる交流空間の創出―国立民族学博物館の共同研究に参加して」,『女性学研究所年報』第19号, 東京女子大学女性学研究所.

有賀夏紀（1999）「多文化主義とフェミニズム―女性史からジェンダーの歴史へ」, 油井大三郎・遠藤泰生編『多文化主義のアメリカ―揺らぐナショナル・アイデンティティ』東京大学出版会.

Beitz, C.（1979）*Political Theory and International Relations,* Princeton, NJ: Princeton University Press.

Benhabib, S.（1992）*Situating the Self,* Cambridge: Polity Press.

Berlin, I.（1968）*Four Essays of Liberty,* Oxford: Oxford University Press（=2000, 小川晃一ほか訳『自由論』みすず書房）.

別所良美（2010）「ケアの倫理とジェンダー」, 東海ジェンダー研究所記念論集編集委員会『越境するジェンダー研究』明石書店.

Butler, J. (1990) *Gender Trouble: Feminism and the Subvesion of Identity,* London: Routledge & Kegan Paul (=1999, 竹村和子訳『ジェンダー・トラブル―フェミニズムとアイデンティティの攪乱』青土社).

Carby, H.(1982) "White Women Listen!: Black Feminism and the Boundaries of Sisterhood," in Centre for Contemporary Cultural Studies, *The Empire Strikes Back,* London: Hutchinson.

Cass, B. (1982) *Family Policies in Australia,* SWRC Reports and Proceedings, no. 21, Sydney: University of New South Wales.

Cass, B. (1984) "Comment on Gender and Dependency," in Broom, D. (ed.), *Unfinished Business,* Sydney: Allen & Unwin.

Clarke, P. B. (1994) *Citizenship,* Boulder, CO: Plato Press.

Cornell, D. (1998) *At the Heart of Freedom: Feminism, Sex, and Equality,* Princeton, NJ: Princeton University Press(= 2001, 仲正昌樹ほか訳『自由のハートで』情況出版).

土場　学 (2006)「〈自由〉の論理―自由の社会学的理論の構築へ向けて」, 土場学・盛山和夫編『正義の論理―公共的価値の規範的社会理論』勁草書房.

Donovan, J. (1985) *Feminist Theory: The Intellectual Traditions of American Feminism,* New York: Frederick Ungar (=1987, 小池和子訳『フェミニストの理論』勁草書房).

Dworkin, R. (1977) *Taking Rights Seriously,* Cambridge, MA: Harvard University Press (=2003, 木下毅ほか訳『権利論[増補版]』木鐸社).

Dworkin, R. (1985) *A Matter of Principle,* Cambridge, MA: Harvard University Press.

江原由美子 (2000)『フェミニズムのパラドックス―定着による拡散』勁草書房.

江原由美子編 (2001)『フェミニズムとリベラリズム』勁草書房.

江原由美子 (2004)「リベラリズムとジェンダーのありか」, 日本法哲学会編『ジェンダー、セクシュアリティと法』有斐閣.

江原由美子・金井淑子編 (1997)『ワードマップ フェミニズム』新曜社.

江原由美子・山田昌弘 (2003)『改訂新版 ジェンダーの社会学』放送大学教育振興会.

衛藤幹子 (2003)「ジェンダーの政治学(上)―シティズンシップの構想とエージェンシー」,『法学志林』第100巻第3号.

衛藤幹子 (2004)「ジェンダーの政治学(下)—シティズンシップの構想とエージェンシー」,『法学志林』第 101 巻第 3 号.
Fineman, M. A. (1995) *The Neutured Mother, the Sexual Family and Other Twentieth Century Tragedies,* London: Routledge & Kegan Paul (=2003, 上野千鶴子監訳『家族、積みすぎた方舟—ポスト平等主義のフェミニズム法理論』学陽書房).
Fineman, M. A. (2004) *The Autonomy Myth: A Theory of Dependency,* New York: The New Press (=2009, 穐田信子・速見葉子訳『ケアの絆—自律神話を超えて』岩波書店).
Flax, J. (1987) "Postmodernism and Gender Relations in Feminist Theory," *Signs,* vol. 12, no. 4.
Frankfurt, H. G. (1999) *Necessity, Volition, and Love,* Cambridge: Cambridge University Press.
Fraser, N. (1989) *Unruly Practices: Power, Discourse and Gender in Contemporary Social Theory,* Minneapolis: University of Minnesota Press.
Fraser, N. (1997) *Justice Interruptus: Critical Reflections on the "Post-socialist" Condition,* London: Routledge & Kegan Paul (=2003, 仲正昌樹監訳『中断された正義—「ポスト社会主義的」条件をめぐる批判的省察』御茶の水書房).
福島瑞穂 (2001)『あれも家族 これも家族—個を大事にする社会へ』〔岩波新書〕岩波書店.
Gavison, R. (1992) "Feminism and the Public/Private Distinction," *Stanford Law Review,* vol. 45, no. 1.
Gilligan, C. (1982) *In a Different Voice: Psychological Theory and Women's Development,* Cambridge, MA: Harvard University Press (=1986, 岩男寿美子監訳『もうひとつの声—男女の道徳観のちがいと女性のアイデンティティ』川島書店).
Gough, I. (1979) *The Political Economy of the Welfare State,* London: Macmillan.
Gray, J. (1995) *Liberalism,* 2nd ed., Buckingham: Open University Press.
広渡清吾 (1999)「婚姻における共同性と共同体」,『法社会学』51 号.
広渡清吾・御船美智子・上村協子 (1998)『財産・共同性・ジェンダー—女性と財産に関する研究』東京女性財団.

Hochsild, A. (1983) *The Managed Heart: Commercialization of Human Feeling,* Berkeley, CA: University of California Press (=2000, 石川准・室伏亜希訳『管理される心―感情が商品になるとき』世界思想社).

Honing, B. (1994) “Differences, Dilemmas, and the Politics of Home,” *Social Research,* vol. 13, no. 3 (=1998, 岡野八代訳「差異、ディレンマ、ホームの政治」,『思想』886号所収).

Honing, B. (1995) “Toward an Agonistic Feminism: Hannah Arendt and the Politics of Identity,” in Honing, B.(ed.), *Social Feminist Interpretations of Hannah Arendt,* The Pennsylvania State University Press (=2001, 岡野八代訳『ハンナ・アーレントとフェミニズム』未来社).

*hooks, b. (1981) *Ain't I a Woman: Black Women and Feminism,* Boston: South End Press.

*hooks, b. (1984) *Feminist Theory: From Margin to Center,* Boston: South End Press (=1997, 清水久美訳『ブラック・フェミニストの主張―周縁から中心へ』勁草書房, 1997年).

[* 姓名の頭文字が小文字となっているのは、黒人の姓が奴隷制下で強制的に与えられたことに対する異議の表明.]

Humm, M. (1995) *The Dictionary of Feminist Theory,* 2nd ed., Columbus: Ohio University Press.

伊田広行 (2003)『シングル化する日本』洋泉社.

Ignatieff, R. (1984) *The Needs of Strangers,* New York: Penguin Books (=1999, 添谷育志・金田耕一訳『ニーズ・オブ・ストレンジャーズ』風行社).

井上達夫 (1999)『他者への自由―公共性の哲学としてのリベラリズム』創文社.

井上達夫 (2004)「リベラル・フェミニズムの二つの視点」, 日本法哲学会編『ジェンダー、セクシュアリティと法』有斐閣.

井上輝子ほか編 (2002)『岩波 女性学事典』岩波書店.

伊藤公雄 (1993)『〈男らしさ〉のゆくえ』新曜社.

伊藤公雄 (2002)「〈男らしさ〉に縛られない生き方を求めて」,『ジェンダーがわかる』[AERA Mook] 朝日新聞社.

岩上真珠 (2003)『ライフコースとジェンダーで読む家族』有斐閣.

樺島博志 (2004)「現代正義論のパラダイム・チェインジ」, 日本法哲学会編『ジェンダー、セクシュアリティと法』有斐閣.

神田修・兼子仁編著（1997）『ホーンブック 教育法』北樹出版.
金子勝・神野直彦編（1999）『「福祉政府」への提言―社会保障の新体系を構想する』岩波書店 .
Karst, K.（1980）"The Freedom of Intimate Association," *Yale Law Journal,* vol. 89, no. 4.
柏木惠子（2011）『父親になる、父親をする―家族心理学の視点から』［岩波ブックレット］岩波書店.
春日キスヨ（1997）『介護とジェンダー』家族社.
春日キスヨ（2001）『介護問題の社会学』岩波書店.
川本隆史（1997）『ロールズ―正義の原理』講談社.
川本隆史（2004）「ケアの倫理と制度」, 日本法哲学会編『ジェンダー、セクシュアリティと法』有斐閣 .
川崎　修（1998）『アレント―公共性の復権』講談社.
川崎　修（2001）「自由民主主義―理念と体制の間」, 日本政治学会編『年報政治学』岩波書店.
Kearns, D.（1983）"A Theory of Justice — and Love: Rawls on the Family," *Politics,* no. 18.
Keith, L. and J. Moriss（1995）"Easy Targets: A Disability Rights Perspective on the 'Children as Carers' Debate," *Critical Social Policy,* vol. 15, no. 2-3.
君塚正臣（1998）「日本国憲法 24 条〈家族〉の法意」,『法律時報』70 巻 6 号.
Kittay, E. F.（1997）"Taking Dependency Seriously: The Family and Medical Leave Act Considered in Light of the Social Organization of Dependency Work and Gender Equality," in DiQuinzio, P. and I. M. Young（eds.）, *Feminist Ethics & Social Policy,* Bloomington and Indianapolis: Indiana University Press.
Kittay, E. F.（1999）*Love's Labor: Essays on Women, Equality, and Dependency,* New York and London: Routledge & Kegan Paul（=2010, 岡野八代・牟田和恵監訳『愛の労働あるいは依存とケアの正義論』白澤社）.
Knijn, T. and M. Kremer（1997）"Gender and the Caring Dimention of Welfare States: Toward Inclusive Citizenship," *Social Politics,* vol. 4, issue 3.
金野美奈子（2006）「ジェンダー公正と多元主義的規範理論―家族をめぐる

Okin-Rawls 論争を手がかりに」，神戸大学国際文化学部紀要『国際文化学研究』26 号．
Kymlicka, W.（1990）*Contemporary Political Philosophy,* Oxford: Oxford University Press.
Kymlicka, W.（1991）"Rethinking the Family," *Philosophy & Public Affairs,* vol. 20, no. 1.
Kymlicka, W.（1995）*Multicultural Citizenship: A Liberal Theory of Minority Rights,* Oxford: Clarendon Press（=1998, 角田猛ほか訳『多文化時代の市民権―マイノリティの権利と自由主義』晃洋書房）．
LaFollette, H.（1980）"Licensing Parents," *Philosophy & Public Affairs,* vol. 9, no. 2.
Lister, L.（1995）"Dilemmas in Engendering Citizenship," *Economy and Society,* vol. 24, no. 1.
Lister, L.（1997）*Citizenship: Feminist Perspectives,* London: Macmillan.
Locke, J.（1690）*The Second Treatise*（=1968, 鵜飼信成訳『市民政府論』［岩波文庫］岩波書店）．
MacKinnon, C. A.（1987）*Feminism Unmodified: Discorses on Life and Law,* Cambridge, MA: Harvard University Press.
Marshall, T. H. and T. B. Bottmore（1992）［1950］*Citizenship and Social Class,* London: Pluto Press（=1993, 岩崎信彦・中村健吾訳『シティズンシップと社会的階級―近現代を統括するマニフェスト』法律文化社）．
Maynard, M.（1994）"'Race', Gender and the Concept of 'Difference' in Feminist Thought," in Afshar, H. and M. Maynard (eds.), *The Dynamics of 'Race' and Gender,* London: Taylor & Francis.
Mill, J. S.（1859）*On Liberty*（=1971, 塩尻公明ほか訳『自由論』［岩波文庫］岩波書店）．
Mill, J. S.（1869）*The Subjection of Women*（=1957, 大内兵衛・大内節子訳『女性の解放』［岩波文庫］岩波書店）．
Millet, K.（1970）*Sexual Politics,* Garden City, NY: Doubleday（=1985, 藤枝澪子ほか訳『性の政治学』ドメス出版）．
Minow, M. and M. L. Shanley（1997）"Revisioning the Family: Relational Rights and Responsivilities," in Shanley, M. L. and U. Narayan（eds.），*Reconstructing Political Theory: Feminist Perspectives,* Cambridge: Polity Press.

Mitchell, J. (1973) *Psychoanalysis and Feminism,* Harmondsworth: Penguin Books (=1977, 上田昊訳『精神分析と女の解放』合同出版).
森　政稔 (1994)「政治思想史のフェミニスト的解釈によせて」, 原ひろ子ほか編『ジェンダー』[ライブラリ相関社会科学 2] 新世社.
森川美絵 (2008)「ケアする権利／ケアしない権利」, 上野千鶴子ほか編『家族のケア 家族へのケア』岩波書店.
森村　進 (2001)『自由はどこまで可能か―リバタリアニズム入門』[講談社現代新書] 講談社.
Morris, J. (1993) *Independent Lives?: Community Care and Disabled People,* Houndmills: Macmillan.
Mouffe, C. (1992) "Feminism, Citizenship and Radical Democratic Politics," in Butler, J. and J. W. Scott (eds.), *Feminists Theorize the Political,* London and New York: Routledge & Kegan Paul.
Mouffe, C. (1993) *The Return of the Political,* New York: Verso (=1998, 千葉眞ほか訳『政治的なるものの再興』日本経済評論社).
牟田和恵 (2006)『ジェンダー家族を超えて―近現代の生／性の政治とフェミニズム』新曜社.
牟田和恵編 (2009)『家族を超える社会学―新たな生の基盤を求めて』新曜社.
無藤清子 (2006)「家族介護とジェンダー」, 伊藤裕子編『ジェンダー・アイデンティティ―揺らぐ女性像』[現代のエスプリ 別冊] 至文堂.
永井憲一・今橋盛勝 (1985)『教育法入門』日本評論社.
永井憲一・堀尾輝久編 (1984)『教育法を学ぶ [第 2 版]』有斐閣.
中山道子 (1999)「公私二元論崩壊の射程と日本の近代憲法学」, 井上達夫ほか編『法的思考の再定位』東京大学出版会.
二宮周平 (1990)『事実婚の現代的課題』日本評論社.
Noddings, N. (1984) *Caring: A Feminine Approach to Ethics and Moral Education,* Berkeley, CA: University of California Press (=1997, 立山善康ほか訳『ケアリング―倫理と道徳の教育』晃洋書房).
Noddings, N. (2002) *Starting at Home,* Berkeley, CA: University of California Press.
野崎綾子 (2003)『正義・家族・法の構造変換―リベラル・フェミニズムの再定位』勁草書房.
Nozick, R. (1974) *Anarchy, State, and Utopia,* New York: Basic Books (=1992, 嶋津格訳『アナーキー・国家・ユートピア―国家の正当性とそ

の限界』木鐸社).
Nussbaum, M. C. (1992) “Justice for Women!: Review of Susan Moller Okin's *Justice, Gender, and the Family,*” *New York Review of Books,* vol. 39, no. 16 (=1993, 川本隆史訳「女たちに正義を！」『みすず』389).
Nussbaum, M. C. (2003) “Rawls and Feminism,” in Freeman, S. (ed.), *The Cambridge Companion to Rawls,* Cambridge and New York: Cambridge University Press.
落合恵美子 (1989)『近代家族とフェミニズム』勁草書房.
岡野八代 (2001)「リベラリズムの困難からフェミニズムへ」, 江原由美子編『フェミニズムとリベラリズム』勁草書房.
岡野八代 (2003)『シティズンシップの政治学―国民・国家主義批判』白澤社.
岡野八代 (2007)「シティズンシップ論再考―責任論の観点から」, 日本政治学会編『排除と包摂の政治学』木鐸社.
Okin, S. M. (1987) “Justice and Gender,” *Philosophy & Public Affairs,* vol. 16, no. 1.
Okin, S. M. (1989) *Justice, Gender, and the Family,* New York: Basic Books.
Okin, S. M. (1990) “Reason and Feeling in Thinking about Justice,” in Sunstain, C. R. (ed.), *Feminism and Political Theory,* Chicago: University of Chicago Press.
Okin, S. M. (1991) “Gender, the Public and the Private,” in Held, D. (ed.), *Political Theory Today,* Cambridge: Polity Press.
Olsen, F. E. (1995) *Feminist Legal Theory: Foundations and Outlooks,* vol. I and II, New York: New York University Press.
奥山恭子 (2000)『これからの家族の法―親族法編』不磨書房.
Olsen, F. E. (1985) “The Myth of State Inatervention in the Family,” *Journal of Law Reform,* vol. 18, no. 4.
Olsen, F. E. (1995) *Feminist Legal Theory: Foundations and Outlooks,* vol. I and II, New York: New York University Press.
大沢真理 (1993)「〈家事労働はなぜタダか〉を手がかりとして」,『社会科学研究』45 巻 3 号.
大沢真理 (1999)「公共空間を支える社会政策」, 金子勝・神野直彦編『「福祉政府」への提言―社会保障の新体系を構想する』岩波書店.
Pateman, C. (1988) *The Sexual Contruct,* Cambridge: Polity Press.
Pateman, C. (1989) *The Disorder of Women,* Cambridge: Polity Press.

Pateman, C.（1992）“Equality, Difference, Subordination: The Politics of Motherhood and Women's Citizenship,” in Bock, G. and S. James (eds.), *Beyond Equality and Difference,* London and New York: Routledge & Kegan Paul.

Pettit, P.（1997）*Republicanism: A Theory of Freedom and Govermnent,* Oxford: Oxford University Press.

Phillips, A.（1991）*Engendering Democracy,* Cambridge: Cambridge University Press.

Rawls, J.（1971）*A Theory of Justice,* Cambridge, MA: Harvard University Press（=1986, 矢島鈞次監訳『正義論』紀伊國屋書店；=2010, 川本隆史ほか訳『正義論（改訂版）』紀伊國屋書店）.

Rawls, J.（1993）*Political Liberalism,* New York: Columbia University Press.

Rawls, J.（1999）*The Law of Peoples,* Cambridge, MA: Harvard University Press.

Rawls, J.（2001）*Justice as Fairness: A Restatement,* ed. by Erin Kelly, Cambridge, MA: Harvard University Press（=2004, 田中成明ほか訳『公正としての正義―再説』岩波書店）.

Rhode, D. L.（1990）“Feminist Critical Theories,” *Stanford Law Review,* vol. 42.

Ruddick, S.（1989）*Maternal Thinking,* Boston: Beacon Press.

齋藤純一（2003）「依存する他者へのケアをめぐって―非対称性における自由と責任」, 日本政治学会編『「性」と政治』岩波書店.

斉藤道雄（2002）『悩む力―べてるの家の人びと』みすず書房.

Sandel, M. J.（1982）*Liberalism and the Limits of Justice,* Cambridge: Cambridge University Press（=1992, 菊池理夫訳『自由主義と正義の限界』三嶺書房）.

Sandel, M. J.（1998）*Liberalism and the Limits of Justice,* 2nd ed., Cambridge: Cambridge University Press（=2009, 菊池理夫訳『リベラリズムと正義の限界（原著第二版）』勁草書房）.

Sandel, M. J.（2009）*Justice: What's the Right Thing to Do?,* New York: Farrar, Straus and Giroux（=2010, 鬼澤 忍訳『これからの「正義」の話をしよう―いまを生き延びるための哲学』早川書房）.

盛山和夫（2006a）『リベラリズムとは何か―ロールズと正義の論理』勁草書房.

盛山和夫（2006b）「現代正義論の構図」，土場学・盛山和夫編『正義の論理―公共的価値の規範的社会理論』勁草書房.

Sen, A. K.（1980）"Equality of What?," in McMurrin, S.（ed.）, *The Tanner Lectures on Human Values I,* Cambridge: Cambridge University Press（=1989, 大庭健・川本隆史訳「何の平等か？」，『合理的な愚か者』勁草書房，所収）.

Sen, A. K.（1985）*Commodities and Capabilities,* Amsterdam: North-Holland（=1988, 鈴村興太郎訳『福祉の経済学―財と潜在能力』岩波書店）.

Sen, A. K.（1992）*Inequality Reexamined,* Cambridge, MA: Harvard University Press（=1999, 池本幸生ほか訳『不平等の再検討―潜在能力と自由』岩波書店）.

Sevenhuijsen, S.（2000）"Caring in the Third Way: The Relation between Obligation, Responsibility and Care in Third Way Discourse," *Critical Social Policy,* vol. 20, no. 1.

Smith, B.（1980）*Toward a Black Feminist Criticism,* Trumansburg, NY: Out & Out Books.（なお、1977年に発表された同名の論文は、Showalter, E.（ed.）(1985) *The New Feminist Criticism: Essays on Women, Literature and Theory,* New York: Pantheon Books.〔青山誠子訳『新フェミニズム批評』岩波書店，1990年〕に所収。）

Squires, J.（1999）*Gender in Political Theory,* Cambridge: Polity Press.

Sunstain, C. R.（1993）*The Partial Constitution,* Cambridge, MA: Harvard University Press.

Sunstain, C. R.（1994）"The Anticaste Principle," *Michigan Law Review,* vol. 92.

Sunstain, C. R.（1997）*Free Market and Social Justice,* Oxford: Oxford University Press.

鈴木七美編著（2009）『ライフデザインと福祉（Well-being）の人類学―開かれたケア・交流空間の創出』（国際研究フォーラム報告書），国立民族学博物館.

鈴木七美・藤原久仁子・岩佐光広編著（2010）『高齢者のウェルビーイングとライフデザインの協働』御茶の水書房.

竹中　勲（1995）「親密な人的結合の自由」，『法学教室』176号.

竹内章郎（1999）『現代平等論ガイド』青木書店.

棚村政行（1998）「男女の在り方・男と女」，『ジュリスト』1126号.

Taub, N. and E. Schneider (1982) "Perspectives on Women's Subordination and the Role of Law," in Kairys, D. (ed.), *The Politics of Law,* New York: Pantheon Books.

寺島俊穂 (1998)『政治哲学の復権―アレントからロールズまで』ミネルヴァ書房.

寺崎弘昭 (2000)「福祉・教育・治安」, 花井信・三上和夫編『教育の制度と社会』梓出版社.

Tong, R. (1994) *Feminist Thought: A Comprehensive Introduction,* 4th ed. London: Routledge & Kegan Paul.

Tronto, J. C. (1993) *Moral Boundaries: A Political Argument for an Ethic of Care,* London: Routledge & Kegan Paul.

辻村みよ子 (1997)『女性と人権―歴史と理論から学ぶ』日本評論社.

辻村みよ子 (2002)『市民主権の可能性― 21 世紀の憲法・デモクラシー・ジェンダー』有信堂.

辻村みよ子 (2004)「ジェンダーと国家権力―人権論・シティズンシップ論の再編とジェンダー」, 日本法哲学会編『ジェンダー、セクシュアリティと法』有斐閣.

Tulloch, P. (1984) "Gender and Dependency," in Broom, D.(ed.), *Unfinished Business,* Sydney: Allen & Unwin.

上野千鶴子 (1990)『家父長制と資本主義―マルクス主義フェミニズムの地平』岩波書店.

上野千鶴子 (2005)『老いる準備―介護すること されること』学陽書房.

上野千鶴子 (2009)「家族の臨界―ケアの分配公正をめぐって」, 牟田和恵編『家族を超える社会学―新たな生の基盤を求めて』新曜社.

Voet, R. (1998) *Feminism and Citizenship,* London: Sage.

若林　翼 (2008)『フェミニストの法―二元的ジェンダー構造への挑戦』勁草書房.

Walzer, M. L. (1983) *Spheres of Justice: A Defense of Pluralism and the Equality,* New York: Basic Books (=1999, 山口 晃訳『正義の領分―多元性と平等の擁護』而立書房).

West, R. (1990) "Taking Freedom Seriously," *Harvard Law Review,* vol. 104, no. 1.

West, R. (2002) "The Right to Care," in Kittay, E. F. et al. (eds.), *The Subject of Care: Feminist Perspectives on Dependency,* New York and

Oxford: Rowman & Littlefield.
White, S. K. (1991) *Political Theory and Postmodernism,* Cambridge: Cambridge University Press (=1996, 有賀誠・向山恭一訳『政治理論とポストモダニズム』昭和堂).
山田昌弘 (1994)『近代家族のゆくえ—家族と愛情のパラドックス』新曜社.
山根純佳 (2006)「〈自己決定／ケア〉の論理—中絶の自由と公私の区分」, 土場学・盛山和夫編『正義の論理—公共的価値の規範的社会理論』勁草書房.
山根純佳 (2010)『なぜ女性はケア労働をするのか—性別分業の再生産を超えて』勁草書房.
大和礼子 (2008)『生涯ケアラーの誕生—再構築された世代関係／再構築されないジェンダー関係』学文社.
矢澤澄子 (2009)「ジェンダー化された介護労働と『家庭的なケア』の陥穽—認知症高齢者グループホームの現場から」, 東京女子大学紀要『論集』59(2).
矢澤澄子監修・横浜市女性協会編 (1997)『女性問題キーワード 111』ドメス出版.
矢澤澄子・天童睦子 (2004)「子どもの社会化と親子関係—子どもの価値とケアラーとしての父親」, 有賀美和子・篠目清美ほか編『親子関係のゆくえ』勁草書房.
米沢広一 (1992)『子ども・家族・憲法』有斐閣.
吉澤夏子 (1993)『フェミニズムの困難』勁草書房.
吉澤夏子 (1997)『女であることの希望—ラディカル・フェミニズムの向こう側』勁草書房.
Young, I. M. (1981) "Toward a Critical Theory of Justice," *Social Theory & Practice,* vol. 7.
Young, I. M. (1990) *Justice and the Politics of Difference,* Princeton, NJ: Princeton University Press.
Young, I. M. (1997) *Intersecting Voices: Dilemmas of Gender, Political Philosophy, and Policy,* Princeton, NJ: Princeton University Press.
全国自立生活センター協議会編 (2002)『自立生活運動と障害文化』全国自立生活センター協議会.

著者略歴

1953年生まれ
東京女子大学文理学部(社会学科)卒業,
一橋大学大学院法学研究科修士課程修了
現　在　東京女子大学女性学研究所准教授
（法哲学・ジェンダー論専攻）
主　著　『現代フェミニズム理論の地平―ジェンダー関係・公正・差異』(2000, 新曜社),『親子関係のゆくえ』(共編著, 2004, 勁草書房)

フェミニズム正義論　ケアの絆をつむぐために

2011年8月30日　第1版第1刷発行

著　者　有《ある》　賀《か》　美《み》和《わ》子《こ》

発行者　井　村　寿　人

発行所　株式会社　勁《けい》　草《そう》　書　房

112-0005　東京都文京区水道2-1-1　振替　00150-2-175253
（編集）電話 03-3815-5277／FAX 03-3814-6968
（営業）電話 03-3814-6861／FAX 03-3814-6854
本文組版 プログレス・三秀舎・青木製本

ISBN978-4-326-65364-5　　Printed in Japan

http://www.keisoshobo.co.jp

東京女子大学女性学研究所 矢澤澄子・岡村清子 編　女性とライフキャリア　四六判　二七三〇円

東京女子大学女性学研究所 鳥越成代 編　女性と美の比較文化　四六判　二三一〇円

東京女子大学女性学研究所 有賀美和子・篠目清美 編　親子関係のゆくえ　四六判　二五二〇円

東京女子大学女性学研究所 小檜山ルイ・北條文緒 編　結婚の比較文化　四六判　二八三五円

目黒依子　家族社会学のパラダイム　A5判　三六七五円

江原由美子　ジェンダー秩序　四六判　三六七五円

池本美香　失われる子育ての時間　少子化社会脱出への道　四六判　二三一〇円

金野美奈子　OLの創造　意味世界としてのジェンダー　四六判　二五二〇円

中西泰子　若者の介護意識　親子関係とジェンダー不均衡　四六判　二七三〇円

山根純佳　なぜ女性はケア労働をするのか　性別分業の再生産を超えて　四六判　三四六五円

＊表示価格は二〇一一年八月現在。消費税は含まれております。